FABLES CHOISIES

DE

FLORIAN

N. J. P.

A PARIS

CHEZ N. J. PHILIPPART, ÉDITEUR

4 — Rue Honoré-Chevalier — 4

ET DANS LES DÉPARTEMENTS

CHEZ TOUS LES LIBRAIRES

FABLES CHOISIES

DE FLORIAN

AVEC NOTES

PARIS

N.-J. PHILIPPART, ÉDITEUR

4, RUE HONORÉ-CHEVALIER, 4

ET DANS LES DÉPARTEMENTS

CHEZ TOUS LES LIBRAIRES

TABLE DES MATIÈRES

FABLES

CHOISIES

DE FLORIAN

NOTICE BIOGRAPHIQUE

FLORIAN (J.-P. CLARIS, chevalier de), est né le 6 mars 1755, au château de Florian, dans les Basses-Cévennes.

Il se livra de bonne heure aux études littéraires, et s'appliqua plus particulièrement aux littératures étrangères. Les auteurs espagnols lui étaient surtout familiers.

Florian ayant été présenté très jeune au duc de Penthièvre, celui-ci l'admit dans ses pages, et bientôt Florian entra à l'Ecole d'artillerie de Bapaume, d'où il sortit avec l'épaulette de lieutenant. Le duc lui fit donner ensuite le grade de capitaine dans les dragons de Penthièvre, et Florian alla passer quelque temps dans la garnison de Maubeuge.

Mais Paris a toujours eu un attrait irrésistible pour tous ceux qui vivent surtout de la vie intellectuelle. Quelques poëmes, parmi lesquels nous citerons l'églogue de Ruth, avaient valu à Florian des couronnes académiques. Il vint bientôt s'établir à Paris, et le duc de Penthièvre, qui avait su apprécier l'âme charitable du jeune capitaine de dragons, en fit son confident et le dispensateur intelligent de ses bonnes œuvres.

La Révolution vint interrompre le cours de cette douce existence qui permettait à Florian de se livrer à ses penchants littéraires. Il n'avait pas voulu émigrer, mais il était allé vivre dans une profonde retraite à Sceaux, espérant que les bienfaits qu'il avait répandus dans cette commune le préserveraient de toute dénonciation. Cet espoir fut déçu. Dénoncé comme noble et comme ayant appartenu à la maison du duc de Penthièvre, Florian fut enfermé dans la prison que, par une espèce de dérision, on avait nommé *Port-libre*, mais il fut assez heureux pour y être oublié pendant quelque temps. Cependant Fouquier-Tinville avait formulé contre l'ex-capitaine des dragons de Penthièvre un de ces réquisitoires fulminants, dont la conclusion était toujours la mort, et Florian devait paraître devant le tribunal révolutionnaire, lorsque la révolution du 9 thermidor vint renverser Robespierre et Fouquier-Tinville, et ouvrir les prisons.

Florian recouvra ainsi la liberté; mais sa détention dans une prison malsaine, le chagrin qu'il avait éprouvé en voyant mourir du dernier supplice tous ses amis, et les craintes continuelles qui l'avaient assiégé pour sa propre existence, lui avaient fait contracter une maladie de langueur qui le conduisit rapidement au tombeau. Il mourut à Sceaux, le 25 septembre 1794, à l'âge de 39 ans.

Outre ses fables, Florian a écrit un grand nombre de romans. Il a aussi traduit plusieurs auteurs espagnols; on cite surtout sa traduction de *Don Quichotte*.

Florian est certainement bien loin d'atteindre La Fontaine. On reconnaît dans ses vers une certaine élégance, mais on lui reproche de trop s'éloigner du naturel, et d'avoir souvent fait parler les animaux de la même manière que Watteau peignait ses bergeries, c'est-à-dire de leur donner un langage de convention. Du reste, quelle que soit la distance qui sépare Florian de La Fontaine, il peut être classé immédiatement après l'illustre fabuliste. C'est une place d'honneur que jusqu'ici on a pu lui disputer, mais dont aucun auteur n'est parvenu à le déposséder.

FABLE I.

La Fable et la Vérité.

La Vérité, toute nue,
Sortit un jour de son puits [1].
Ses attraits par le temps étaient un peu détruits :
Jeunes et vieux fuyaient sa vue.
La pauvre Vérité restait là morfondue [2],
Sans trouver un asile où pouvoir habiter.
A ses yeux vient se présenter
La Fable, richement vêtue,
Portant plumes et diamants,
La plupart faux, mais très brillants.
— Eh ! vous voilà, bonjour, dit-elle :
Que faites-vous ici seule sur un chemin ?
La Vérité répond : — Vous le voyez, je gèle.
Aux passants je demande en vain
De me donner une retraite ;
Je leur fais peur à tous. Hélas ! je le vois bien,
Vieille femme n'obtient plus rien.
— Vous êtes pourtant ma cadette,
Dit la Fable, et, sans vanité,
Partout je suis fort bien reçue.
Mais aussi, dame Vérité,
Pourquoi vous montrer toute nue ?
Cela n'est pas adroit. Tenez, arrangeons-nous ;

[1] Suivant la mythologie, la Vérité habitait un puits; on la représentait sans vêtement, un miroir à la main.
[2] *Se morfondre.* Ce mot signifie tout à la fois avoir très froid et perdre son temps à attendre.

Qu'un même intérêt nous rassemble :
Venez sous mon manteau, nous marcherons ensemble.
Chez le sage, à cause de vous,
Je ne serai point rebutée ;
A cause de moi, chez les fous
Vous ne serez point maltraitée.
Servant par ce moyen chacun selon son goût,
Grâce à votre raison et grâce à ma folie,
Vous verrez, ma sœur, que partout
Nous passerons de compagnie [1].

FABLE II.

Les Deux Voyageurs.

Le compère Thomas et son ami Lubin
Allaient à pied tous deux à la ville prochaine [2].
Thomas trouve sur son chemin
Une bourse de louis pleine ;
Il l'empoche aussitôt. Lubin, d'un air content,
Lui dit : Pour nous la bonne aubaine [3] !
— Non, répond Thomas froidement,
Pour nous n'est pas bien dit, *pour moi* c'est différent.
Lubin ne souffle plus [4]; mais, en quittant la plaine,
Ils trouvent des voleurs cachés au bois voisin.
Thomas, tremblant, et non sans cause,
Dit : Nous sommes perdus ! — Non, lui répond Lubin,
Nous n'est pas le vrai mot; mais *toi*, c'est autre chose.
Cela dit, il s'échappe à travers les taillis.
Immobile de peur, Thomas est bientôt pris :
Il tire la bourse et la donne.

---

[1] Cette fable est la mise en action d'un précepte de la littérature latine : *Ridendo dicere verum*, dire la vérité en riant.
[2] Prochaine pour voisine.
[3] *Bonne aubaine*, profit soudain et inattendu.
[4] *Lubin ne souffle plus*, c'est-à-dire ne dit plus rien, n'ose plus parler.

Qui ne songe qu'à soi quand sa fortune est bonne
Dans le malheur n'a point d'amis.

FABLE III.

Les Serins et le Chardonneret.

Un amateur d'oiseaux avait, en grand secret,
    Parmi les œufs d'une Serine [1],
    Glissé l'œuf d'un Chardonneret.
La mère des Serins, bien plus tendre que fine,
Ne s'en aperçut point, et couva comme sien
    Cet œuf, qui dans peu vint à bien.
Le petit étranger sorti de sa coquille
Des deux époux trompés reçoit les tendres soins,
    Par eux traité, ni plus ni moins [2],
    Que s'il était de la famille.
Couché dans le duvet, il dort le long du jour
A côté des Serins dont il se croit le frère.
    Reçoit la becquée à son tour,
Et repose la nuit sous l'aile de la mère.
Chaque oisillon [3] grandit, et, devenant oiseau,
    D'un brillant plumage s'habille.
Le Chardonneret seul ne devient point jonquille [4],
Et ne s'en croit pas moins des Serins le plus beau.
    Ses frères pensent tout de même :
Douce erreur qui toujours fait voir l'objet qu'on aime
    Ressemblant à nous trait pour trait [5] !

[1] *Serine*, femelle du serin
[2] Ni plus ni moins *bien* sous-entendu.
[3] *Oisillon*, jeune oiseau.
[4] *Ne devient point jonquille*, c'est-à-dire ne devient pas jaune, couleur de la jonquille.
[5] L'expression *trait pour trait* qui indique une ressemblance exacte est l'origine du mot portrait. On disait *pourtraicter* pour peindre, et, par contraction, substantivement on a adopté le mot portrait.

Jaloux de son bonheur, un vieux Chardonneret
Vient lui dire : — Il est temps enfin de vous connaître.
Ceux pour qui vous avez de si doux sentiments
      Ne sont point du tout vos parents ;
C'est d'un Chardonneret que le sort vous fit naître.
Vous ne fûtes jamais Serin : regardez-vous ;
Vous avez le corps fauve et la tête écarlate,
Le bec... — Oui, dit l'oiseau : j'ai ce qu'il vous plaira,
      Mais je n'ai point une âme ingrate,
      Et mon cœur toujours chérira
      Ceux qui soignèrent mon enfance.
Si mon plumage au leur ne ressemble pas bien,
    J'en suis fâché : mais leur cœur et le mien
      Ont une grande ressemblance.
Vous prétendez prouver que je ne leur suis rien ;
      Leurs soins me prouvent le contraire :
      Rien n'est vrai comme ce qu'on sent.
      Pour un oiseau reconnaissant
      Un bienfaiteur est plus qu'un père.

FABLE IV.

La Carpe et les Carpillons.

Prenez garde, mes fils, côtoyez moins le bord,
      Suivez le fond de la rivière ;
      Craignez la ligne meurtrière,
    Ou l'épervier [1], plus dangereux encor.
C'est ainsi que parlait une Carpe de Seine
A de jeunes poissons qui l'écoutaient à peine.
C'était au mois d'avril : les neiges, les glaçons,

---

[1] *Épervier*, sorte de filet à pêcher plus dangereux que la *ligne*, parce qu'il peut prendre plusieurs poissons à la fois.

Fondus par les zéphyrs [1], descendaient des montagnes ;
Le fleuve enflé par eux s'élève à gros bouillons,
    Et déborde dans les campagnes.
    — Ah ! ah ! criaient les Carpillons,
    Qu'en dis-tu, Carpe radoteuse ?
    Crains-tu pour nous les hameçons ?
Nous voilà citoyens de la mer orageuse ;
Regarde, on ne voit plus que les eaux et le ciel,
    Les arbres sont cachés sous l'onde ;
    Nous sommes les maîtres du monde :
    C'est le déluge universel.
— Ne croyez point cela, répond la vieille mère ;
Pour que l'eau se retire il ne faut qu'un instant :
Ne vous éloignez point et, de peur d'accident,
Suivez, suivez toujours le fond de la rivière.
— Bah ! disent les poissons, tu répètes toujours
    Mêmes discours.
Adieu, nous allons voir notre nouveau domaine [2].
    Parlant ainsi, nos étourdis
    Sortent tous du lit de la Seine,
Et s'en vont dans les eaux qui couvrent le pays.
    Qu'arriva-t-il ? Les eaux se retirèrent,
    Et les Carpillons demeurèrent :
    Bientôt ils furent pris
    Et frits.

    Pourquoi quittaient-ils la rivière ?
    Pourquoi ? Je le sais trop, hélas !
C'est qu'on se croit toujours plus sage que sa mère,
    C'est qu'on veut sortir de sa sphère [3],
C'est que... c'est que... Je ne finirais pas.

---

[1] *Zéphyr*, vent très doux.
[2] *Nouveau domaine*, c'est-à-dire les endroits envahis par les eaux.
[3] Mot proverbial : faire plus qu'on ne peut.

FABLE V[1].

Le Calife[2].

Autrefois dans Bagdad [3] le calife Almamon
Fit bâtir un palais plus beau, plus magnifique,
Que ne le fut jamais celui de Salomon [4].
Cent colonnes d'albâtre en formaient le portique ;
L'or, le jaspe, l'azur, décoraient le parvis ;
Dans les appartements embellis de sculpture,
Sous des lambris de cèdre on voyait réunis
Et les trésors du luxe et ceux de la nature :
Les fleurs, les diamants, les parfums, la verdure,
Les myrtes odorants, les chefs-d'œuvre de l'art,
　　　Et les fontaines jaillissantes
　　　Roulant leurs ondes bondissantes
　　　A côté des lits de brocart.
Près de ce beau palais, juste devant l'entrée,
Une étroite chaumière, antique et délabrée,
D'un pauvre tisserand était l'humble réduit.
　　　Là, content du petit produit
D'un grand travail, sans dette et sans soucis pénibles,
　　　Le bon vieillard, libre, oublié,
　　　Coulait des jours doux et paisibles,
　　　Point envieux, point envié.

[1] Andrieux a publié un conte sur le même sujet, sous le titre le *Meunier sans souci*. Le fond de ce conte est un fait historique. C'est le roi de Prusse, Frédéric, qui voulait s'emparer d'un moulin qui obstruait la vue d'une résidence royale, et auquel le meunier fit la réponse : *Sire, il y a des juges à Berlin*. Nous devons faire observer que la loi sur les expropriations pour cause d'utilité publique, qui prévient des conflits de cette nature, n'a été introduite dans la législation que depuis 1791.
Nous avons publié le conte d'Andrieux dans les *Morceaux choisis de littérature* (poésie). BIBLIOTHÈQUE PHILIPPART.
[2] *Calife*. On appelait ainsi certains souverains d'Asie, et plus particulièrement les premiers successeurs de Mahomet. Les califes exerçaient simultanément le pouvoir spirituel et le pouvoir temporel.
[3] *Bagdad*, ville de la Turquie d'Asie.
[4] *Salomon*, roi des Juifs, fit bâtir un temple très célèbre.

J'ai déjà dit que sa retraite
Masquait le devant du palais.
Le Vizir [1] veut d'abord, sans forme de procès [2],
Qu'on abatte la maisonnette ;
Mais le Calife veut que d'abord on l'achète.
Il fallut obéir : on va chez l'ouvrier,
On lui porte de l'or. — Non, gardez votre somme,
Répond doucement le pauvre homme ;
Je n'ai besoin de rien avec mon atelier :
Et, quant à ma maison, je ne puis m'en défaire ;
C'est là que je suis né, c'est là qu'est mort mon père,
Je prétends y mourir aussi.
Le Calife, s'il veut, peut me chasser d'ici,
Il peut détruire ma chaumière :
Mais, s'il le fait, il me verra
Venir chaque matin sur la dernière pierre
M'asseoir et pleurer ma misère :
Je connais Almamon, son cœur en gémira.
Cet insolent discours excita la colère
Du Vizir, qui voulait punir ce téméraire,
Et sur-le-champ raser sa chétive maison.
Mais le Calife lui dit : — Non,
J'ordonne qu'à mes frais elle soit réparée ;
Ma gloire tient à sa durée.
Je veux que nos neveux, en la considérant,
Y trouvent de mon règne un monument auguste [3],
En voyant le palais, ils diront : Il fut grand ;
En voyant la chaumière, ils diront : Il fut juste.

---

[1] *Vizir*, ministre du calife.
[2] C'est-à-dire brusquement, sans observer la moindre formalité.
[3] Un souvenir honorable, digne d'admiration et de respect.

FABLE VI.

Le Chien et le Chat.

Un Chien vendu par son maître
Brisa sa chaîne et revint
Au logis qui le vit naître.
Jugez de ce qu'il devint
Lorsque, pour prix de son zèle,
Il fut de cette maison
Reconduit par le bâton
Vers sa demeure nouvelle.
Un vieux Chat, son compagnon,
Voyant sa surprise extrême,
En passant lui dit ce mot :
Tu croyais donc, pauvre sot,
Que c'est pour nous qu'on nous aime !

FABLE VII.

Le Lierre et le Thym.

Que je te plains, petite plante !
Disait un jour le Lierre [1] au Thym [2] :
Toujours ramper, c'est ton destin,
Ta tige chétive et tremblante
Sort à peine de terre, et la mienne dans l'air,
Unie au chêne altier [3] que chérit Jupiter [4],

---

[1] *Lierre*, plante qui grimpe aux arbres et aux murailles.
[2] Le *Thym*, petite plante odoriférante.
[3] *Altier*, c'est-à-dire orgueilleux.
[4] Le maître des dieux, auquel, d'après la mythologie, le chêne était con-
sacré.

S'élance avec lui dans la nue.
— Il est vrai, dit le Thym, ta hauteur m'est connue ;
Je ne puis sur ce point discuter avec toi :
　　Mais je me soutiens par moi-même ;
Et sans cet arbre, appui de ta faiblesse extrême,
　　Tu ramperais plus bas que moi.

Traducteurs, éditeurs, faiseurs de commentaires,
Qui nous parlez toujours de grec ou de latin,
　　Dans vos discours préliminaires,
　　Retenez ce que dit le Thym.

FABLE VIII.

Le Chat et la Lunette [1].

　　Un Chat sauvage et grand chasseur
　　S'établit pour faire bombance
　　Dans le parc d'un jeune seigneur,
Où lapins et perdrix étaient en abondance.
Là ce nouveau Nemrod [2], la nuit comme le jour,
A la course, à l'affût [3] également habile,
Poursuivait, attendait, immolait tour à tour
　　Et quadrupède et volatile.
Les gardes épiaient l'insolent braconnier ;
Mais, dans le fort [4] du bois, caché près d'un terrier [5],
　　Le drôle trompait leur adresse.
Cependant il craignait d'être pris à la fin,
　　Et se plaignait que la vieillesse

---

[1] Il s'agit dans cette fable d'une lunette d'approche, d'une lorgnette.
[2] *Nemrod,* fondateur de Babylone, était, suivant l'Ecriture sainte, un chasseur intrepide.
[3] *Affût,* endroit où l'on se poste pour attendre le gibier.
[4] Au milieu.
[5] *Terrier,* trou dans la terre, où se retirent certains animaux, les lièvres, les lapins, etc.

Lui rendît l'œil moins sûr, moins fin.
Ce penser [1] lui causait souvent de la tristesse :
Lorsqu'un jour il rencontre un petit tuyau noir,
Garni par ses deux bouts de deux glaces bien nettes :
        C'était une de ces lunettes
Faites pour l'Opéra, que, par hasard, un soir,
Le maître avait perdu dans ce lieu solitaire.
        Le Chat d'abord la considère ;
La touche de sa griffe, et de l'extrémité
La fait à petits coups rouler sur le côté,
Court après, s'en saisit, l'agite, la remue,
        Étonné que rien n'en sortît.
Il s'avise à la fin d'appliquer à sa vue
Le verre d'un des bouts ; c'était le plus petit :
Alors il aperçoit sous la verte coudrette
Un lapin que ses yeux tout seuls ne voyaient pas.
— Ah ! quel trésor ! dit-il en serrant sa Lunette,
Et courant au lapin qu'il croit à quatre pas.
Mais il entend du bruit ; il reprend sa machine,
S'en sert par l'autre bout, et voit dans le lointain
        Le garde qui vers lui chemine.
        Pressé par la peur, par la faim,
        Il reste un moment incertain,
Hésite, réfléchit, puis de nouveau regarde ;
Mais toujours le gros bout lui montre loin le garde,
Et le petit tout près lui fait voir le lapin.
Croyant avoir le temps, il va manger la bête ;
Le garde est à vingt pas qui vous l'ajuste au front,
        Lui met deux balles dans la tête,
        Et de sa peau fait un manchon.

        Chacun de nous a sa lunette
        Qu'il retourne suivant l'objet :
        On voit là-bas ce qui déplaît,
        On voit ici ce qu'on souhaite.

[1] Le substantif un *penser* ne s'emploie qu'en vers.

FABLE IX.

L'Aveugle et le Paralytique [1].

Aidons-nous mutuellement [2],
La charge des malheurs en sera plus légère ;
    Le bien que l'on fait à son frère
Pour le mal que l'on souffre est un soulagement.
Confucius [3] l'a dit ; suivons tous sa doctrine.
Pour la persuader aux peuples de la Chine,
    Il leur contait le trait suivant :
    Dans une ville de l'Asie
    Il existait deux malheureux ;
L'un perclus [4], l'autre aveugle, et, pauvres tous les deux,
Ils demandaient au ciel de terminer leur vie.
    Mais leurs cris étaient superflus [5],
Ils ne pouvaient mourir. Notre Paralytique,
Couché sur un grabat dans la place publique,
Souffrait sans être plaint ; il en souffrait bien plus.
    L'Aveugle, à qui tout pouvait nuire,
    Était sans guide et sans soutien,
    Sans avoir même un pauvre chien
    Pour l'aimer et pour le conduire.
    Un certain jour il arriva
Que l'Aveugle à tâtons, au détour d'une rue,
    Près du malade se trouva;
Il entendit ses cris, son âme en fut émue.

---

[1] Un *paralytique* est une personne privée du mouvement d'un ou de plusieurs de ses membres.

[2] C'est-à-dire aidons-nous les uns les autres.

[3] *Confucius*, célèbre philosophe chinois, mort cinq siècles environ avant Jésus-Christ, auteur d'un code où se rencontrent d'excellents conseils de morale.

[4] *Perclus*, paralytique, ne pouvant se mouvoir.

[5] *Superflus*, c'est-à-dire inutiles.

Il n'est que les malheureux
Pour se plaindre les uns les autres.
— J'ai mes maux, lui dit-il, et vous avez les vôtres :
Unissons-les, mon frère, ils seront moins affreux.
— Hélas ! dit le Perclus, vous ignorez, mon frère,
Que je ne puis faire un seul pas ;
Vous-même vous n'y voyez pas :
A quoi nous servirait d'unir notre misère?
— A quoi ? répond l'Aveugle, écoutez : à nous deux
Nous possédons le bien à chacun nécessaire ;
J'ai des jambes et vous des yeux.
Moi, je vais vous porter ; vous, vous serez mon guide :
Vos yeux dirigeront mes pas mal assurés ;
Mes jambes, à leur tour, iront où vous voudrez.
Ainsi, sans que jamais notre amitié décide
Qui de nous deux remplit le plus utile emploi,
Je marcherai pour vous, vous y verrez pour moi.

FABLE X.

La Mère, l'Enfant et les Sarigues [1].

A MADAME DE LA BRICHE.

Vous, de qui les attraits, la modeste douceur,
Savent tout obtenir et n'osent rien prétendre,
Vous, que l'on ne peut voir sans devenir plus tendre,
Et qu'on ne peut aimer sans devenir meilleur,
Je vous respecte trop pour parler de vos charmes,
De vos talents, de votre esprit...
Vous aviez déjà peur : bannissez vos alarmes,
C'est de vos vertus qu'il s'agit.
Je veux peindre en mes vers des mères le modèle,
Le Sarigue, animal peu connu parmi nous,

[1] *Sarigue,* espèce de renard du Pérou.

Mais dont les soins touchants et doux,
Dont la tendresse maternelle
Seront de quelque prix pour vous.
Le fond du conte est véritable :
Buffon [1] m'en est garant : qui pourrait en douter?
D'ailleurs tout dans ce genre a droit d'être croyable
Lorsque c'est devant vous qu'on peut le raconter.

— Maman, disait un jour à la plus tendre mère
Un Enfant péruvien [2] sur ses genoux assis.
Quel est cet animal qui, dans cette bruyère,
        Se promène avec ses petits?
Il ressemble au renard. — Mon fils, répondit-elle,
        Du Sarigue c'est la femelle ;
        Nulle mère pour ses enfants
N'eut jamais plus d'amour, plus de soins vigilants.
La nature a voulu seconder sa tendresse,
        Et lui fit près de l'estomac
Une poche profonde, une espèce de sac,
        Où ses petits, quand un danger les presse,
        Vont mettre à couvert leur faiblesse.
Fais du bruit, tu verras ce qu'ils vont devenir.
L'Enfant frappe des mains : la Sarigue attentive
        Se dresse, et d'une voix plaintive
Jette un cri ; les petits aussitôt d'accourir,
        Et de s'élancer vers la mère,
En cherchant dans son sein leur retraite ordinaire.
        La poche s'ouvre, les petits
        En un moment y sont blottis,
Ils disparaissent tous : la mère avec vitesse
        S'enfuit, emportant sa richesse.
La Péruvienne alors dit à l'Enfant surpris :
— Si jamais le sort t'est contraire,
Souviens-toi du Sarigue, imite-le, mon fils ;
L'asile le plus sûr est le sein d'une mère.

[1] Buffon, célèbre naturaliste, et l'un de nos écrivains classiques, né en 1707, mort en 1788.
[2] Les *Péruviens*, habitants du Pérou, vaste contrée de l'Amérique du Sud.

                                            2

FABLE XI.

Le Vieux Arbre et le Jardinier.

Un Jardinier dans son jardin
Avait un vieux Arbre stérile :
C'était un grand poirier qui jadis fut fertile ;
Mais il avait vieilli : tel est notre destin.
Le Jardinier ingrat veut l'abattre un matin :
Le voilà qui prend sa cognée.
Au premier coup, l'Arbre lui dit :
— Respecte mon grand âge et souviens-toi du fruit
Que je t'ai donné chaque année.
La mort va me saisir, je n'ai plus qu'un instant ;
N'assassine pas un mourant
Qui fut ton bienfaiteur. — Je te coupe avec peine,
Répond le Jardinier ; mais j'ai besoin de bois.
Alors, gazouillant à la fois,
De rossignols une centaine
S'écrie : — Épargne-le, nous n'avons plus que lui ;
Lorsque ta femme vient s'asseoir sous son ombrage,
Nous la réjouissons par notre doux ramage ;
Elle est seule souvent, nous charmons son ennui.
Le Jardinier les chasse et rit de leur requête ;
Il frappe un second coup. D'abeilles un essaim
Sort aussitôt du tronc, en lui disant : — Arrête,
Écoute-nous, homme inhumain :
Si tu nous laisses cet asile,
Chaque jour nous te donnerons
Un miel délicieux dont tu peux à la ville
Porter et vendre les rayons [1] :
Cela te touche-t-il ? — J'en pleure de tendresse,
Répond l'avare Jardinier ;
Eh ! que ne dois-je pas à ce pauvre poirier

[1] *Rayon de miel*, gâteau de miel provenant du travail des abeilles.

Qui m'a nourri dans sa jeunesse ?
Ma femme quelquefois vient ouïr ces oiseaux ;
C'en est assez pour moi : qu'ils chantent en repos.
Et vous qui daignerez augmenter mon aisance,
Je veux pour vous de fleurs semer tout ce canton.
Cela dit, il s'en va sûr de sa récompense,
      Et laisse vivre le vieux tronc.

      Comptez sur la reconnaissance
      Quand l'intérêt vous en répond.

FABLE XII.

La Brebis et le Chien.

La Brebis et le Chien, de tous les temps amis,
Se racontaient un jour leur vie infortunée :
— Ah ! disait la Brebis, je pleure et je frémis
Quand je songe au malheur de notre destinée.
Toi, l'esclave de l'homme, adorant des ingrats,
      Toujours soumis, tendre et fidèle,
      Tu reçois pour prix de ton zèle,
      Des coups et souvent le trépas.
      Moi, qui tous les ans les habille [1],
Qui leur donne du lait et qui fume leurs champs [2],
Je vois chaque matin quelqu'un de ma famille
      Assassiné par ces méchants.
Leurs confrères les loups dévorent ce qui reste.
      Victimes de ces inhumains,
Travailler pour eux seuls, et mourir par leurs mains,
      Voilà notre destin funeste !
— Il est vrai, dit le Chien : mais crois-tu plus heureux
      Les auteurs de notre misère ?

---

[1] Chaque année on tond les moutons et on utilise leur laine.
[2] ... *Qui fume leurs champs*, c'est-à-dire qui y dépose des engrais.

Va, ma sœur, il vaut encor mieux
Souffrir le mal que de le faire.

FABLE XIII.

Le Troupeau de Colas.

Dès la pointe du jour sortant de son hameau,
Colas, jeune pasteur [1] d'un assez beau troupeau,
    Le conduisait au pâturage.
    Sur sa route il trouve un ruisseau
Que la nuit précédente un effroyable orage
Avait rendu torrent ; comment passer cette eau ?
Chiens, brebis et berger, tout s'arrête au rivage.
En faisant un circuit [2] l'on eût gagné le pont ;
C'était bien le plus sûr, mais c'était le plus long :
Colas veut abréger. D'abord il considère
    Qu'il peut franchir cette rivière ;
    Et comme ses béliers sont forts,
    Il conclut que sans grands efforts
Le troupeau sautera. Cela dit, il s'élance :
Son chien saute après lui ; béliers d'entrer en danse [3]
    A qui mieux mieux : courage, allons !
    Après les béliers, les moutons ;
Tout est en l'air, tout saute, et Colas les excite
    En s'applaudissant du moyen.
Les béliers, les moutons sautèrent assez bien :
    Mais les brebis vinrent ensuite,
Les agneaux, les vieillards, les faibles, les peureux,
    Les mutins [4], corps toujours nombreux,
Qui refusaient le saut ou sautaient de colère,

---

[1] *Pasteur*, c'est-à-dire berger.
[2] En faisant un détour.
[3] *Entrer en danse*, commencer à sauter.
[4] *Les mutins*, c'est-à-dire les rebelles ou plutôt les indociles.

Et, soit faiblesse, soit dépit,
Se laissaient choir[1] dans la rivière.
Il s'en noya le quart : un autre quart s'enfuit,
Et sous la dent du loup périt.
Colas, réduit à la misère,
S'aperçut, mais trop tard, que pour un bon pasteur
Le plus court[2] n'est pas le meilleur.

FABLE XIV,

Le Bouvreuil[3] et le Corbeau.

Un Bouvreuil, un Corbeau, chacun dans une cage,
Habitaient le même logis.
L'un enchantait par son ramage
La femme, le mari, les gens, tout le ménage :
L'autre les fatiguait sans cesse de ses cris :
Il demandait du pain, du rôti, du fromage,
Qu'on se pressait de lui porter
Afin qu'il voulût bien se taire.
Le timide Bouvreuil ne faisait que chanter,
Et ne demandait rien : aussi, pour l'ordinaire,
On l'oubliait : le pauvre oiseau
Manquait souvent de grain et d'eau.
Ceux qui louaient le plus de son chant l'harmonie
N'auraient pas fait le moindre pas
Pour voir si l'auge était remplie :
Ils l'aimaient bien pourtant, mais ils n'y pensaient pas.
Un jour on le trouva mort de faim dans sa cage.
— Ah ! quel malheur ! dit-on : Las[4] ! il chantait si bien !
De quoi donc est-il mort ? Certes, c'est grand dommage,
Le Corbeau crie encore et ne manque de rien.

[1] *Se laissaient choir*, se laissaient tomber.
[2] Chemin sous-entendu.
[3] Petit oiseau.
[4] *Las*, pour hélas.

FABLE XV.

Le Singe qui montre la Lanterne magique.

Messieurs les beaux esprits, dont la prose et les vers
Sont d'un style pompeux et toujours admirable,
Mais que l'on n'entend point, écoutez cette fable,
    Et tâchez de devenir clairs.

Un homme qui montrait la Lanterne magique
    Avait un Singe dont les tours
    Attiraient chez lui grand concours :
Jacqueau, c'était son nom, sur la corde élastique
    Dansait et voltigeait au mieux,
    Puis faisait le saut périlleux ;
Et puis, sur un cordon, sans que rien le soutienne,
    Le corps droit, fixe, d'aplomb,
    Notre Jacqueau fait tout du long
    L'exercice à la prussienne[1].
Un jour qu'au cabaret son maître était resté,
    C'était, je pense, un jour de fête,
    Notre Singe en liberté
    Veut faire un coup de sa tête.
Il s'en va rassembler les divers animaux
    Qu'il peut rencontrer dans la ville ;
    Chiens, chats, poulets, dindons, pourceaux,
    Arrivent bientôt à la file.
— Entrez, entrez, messieurs, criait notre Jacqueau ;
C'est ici, c'est ici qu'un spectacle nouveau
Vous charmera gratis. Oui, messieurs, à la porte
On ne prend point d'argent, je fais tout pour l'honneur.
    A ces mots, chaque spectateur
    Va se placer, et l'on apporte

[1] Du temps de Florian, les Prussiens étaient considérés comme les soldats les mieux disciplinés et les mieux exercés de l'Europe.

La Lanterne magique : on ferme les volets,
    Et par un discours fait exprès
    Jacqueau prépare l'auditoire.
    Ce morceau vraiment oratoire
    Fait bâiller, mais on applaudit.
Content de son succès, notre Singe saisit
Un verre peint qu'il met dans sa Lanterne :
    Il sait comment on le gouverne,
Et crie, en le poussant : — Est-il rien de pareil?
    Messieurs vous voyez le soleil,
    Ses rayons et toute sa gloire.
Voici présentement la lune; et puis l'histoire
    D'Adam, d'Ève et des animaux...
    Voyez, messieurs, comme ils sont beaux!
    Voyez la naissance du monde !
Voyez... Les spectateurs, dans une nuit profonde,
Écarquillaient leurs yeux et ne pouvaient rien voir ;
    L'appartement, le mur, tout était noir.
— Ma foi, disait un chat, de toutes les merveilles
    Dont il étourdit nos oreilles
    Le fait est que je ne vois rien.
    — Ni moi non plus, disait un chien.
— Moi, disait un dindon, je vois bien quelque chose;
    Mais je ne sais pour quelle cause
    Je ne distingue pas très bien.
Pendant tous ces discours, le Cicéron moderne
Parlait éloquemment et ne se lassait point.
    Il n'avait oublié qu'un point,
    C'était d'éclairer sa lanterne.

FABLE XVI.

L'Enfant et le Miroir.

Un Enfant, élevé dans un pauvre village,
Revint chez ses parents et fut surpris d'y voir

Un miroir.
D'abord il aima son image,
Et puis, par un travers[1] bien digne d'un enfant,
Et même d'un être plus grand,
Il veut outrager ce qu'il aime,
Lui fait une grimace, et le miroir la rend.
Alors son dépit est extrême;
Il lui montre un poing menaçant :
Il se voit menacé de même.
Notre marmot fâché s'en vient, en frémissant,
Battre cette image insolente;
Il se fait mal aux mains. Sa colère en augmente;
Et furieux, au désespoir,
Le voilà, devant ce Miroir,
Criant, pleurant, frappant la glace.
Sa mère, qui survient, le console, l'embrasse,
Tarit[2] ses pleurs, et doucement lui dit :
— N'as-tu pas commencé par faire la grimace
A ce méchant enfant qui cause ton dépit ?
— Oui. — Regarde à présent : tu souris, il sourit;
Tu tends vers lui les bras, il te les tend de même,
Tu n'es plus en colère, il ne se fâche plus;
De la société, tu vois ici l'emblème :
Le bien, le mal, nous sont rendus.

FABLE XVII.

Le Cheval et le Poulain [3].

Un bon père Cheval, veuf, et n'ayant qu'un fils,
L'élevait dans un pâturage
Où les eaux, les fleurs et l'ombrage
Présentaient à la fois tous les biens réunis.
Abusant pour jouir, comme on fait à cet âge,

---

[1] *Par un travers*, c'est-à-dire par un caprice, une fantaisie.
[2] *Tarit*, essuie et arrête ses pleurs.
[3] *Poulain*, jeune cheval.

Le Poulain tous les jours se gorgeait de sainfoin [1],
    Se vautrait dans l'herbe fleurie,
Galopait sans objet, se baignait sans envie,
    Ou se reposait sans besoin.
Oisif et gras à lard [2], le jeune solitaire
S'ennuya, se lassa de ne manquer de rien :
Le dégoût vint bientôt. Il va trouver son père :
— Depuis longtemps, dit-il, je ne me sens pas bien,
    Cette herbe est malsaine et me tue,
Ce trèfle est sans saveur, cette onde est corrompue ;
L'air qu'on respire ici m'attaque les poumons ;
    Bref, je meurs si nous ne partons.
— Mon fils, répond le Père, il s'agit de ta vie,
    A l'instant même il faut partir.
Sitôt dit, sitôt fait ; ils quittent leur patrie.
Le jeune voyageur bondissait de plaisir,
Le vieillard moins joyeux allait un train plus sage ;
Mais il guidait l'enfant, et le faisait gravir
Sur [3] des monts escarpés, arides, sans herbage,
    Où rien ne pouvait le nourrir.
    Le soir vint, point de pâturage ;
    On s'en passa. Le lendemain,
Comme l'on commençait à souffrir de la faim,
On prit du bout des dents une ronce sauvage.
On ne galopa plus le reste du voyage ;
A peine, après deux jours, allait-on même au pas.
    Jugeant alors la leçon faite,
Le Père va reprendre une route secrète
    Que son fils ne connaissait pas,
    Et le ramène à la prairie
Au milieu de la nuit. Dès que notre Poulain
    Retrouve un peu d'herbe fleurie,
Il se jette dessus : — Ah ! l'excellent festin,
La bonne herbe ! dit-il : comme elle est douce et tendre ;
    Mon père, il ne faut pas s'attendre

[1] *Sainfoin*, plante fourragère.
[2] Gras à lard, c'est-à-dire comme un porc engraissé.
[3] En prose le verbe gravir est actif et on devrait dire gravir des monts escarpés.

Que nous puissions rencontrer mieux ;
Fixons-nous pour jamais dans ces aimables lieux ;
Quel pays peut valoir cet asile champêtre ?
Comme il parlait ainsi, le jour vint à paraître :
Le Poulain reconnaît le pré qu'il a quitté ;
Il demeure confus. Le Père avec bonté,
Lui dit : — Mon cher enfant, retiens cette maxime :
Quiconque jouit trop est bientôt dégoûté ;
　　　Il faut au bonheur du régime[1].

FABLE XVIII.

Le Grillon[2].

Un pauvre petit Grillon,
　　Caché dans l'herbe fleurie,
　　Regardait un papillon
　　Voltigeant dans la prairie.
L'insecte ailé brillait des plus vives couleurs ;
L'azur, la pourpre et l'or éclataient sur ses ailes ;
Jeune, beau, petit-maître, il court de fleurs en fleurs,
　　Prenant et quittant les plus belles.
— Ah ! disait le Grillon, que son sort et le mien
　　Sont différents. Dame nature
　　Pour lui fit tout, et pour moi rien.
Je n'ai point de talent, encor moins de figure ;
Nul ne prend garde à moi, l'on m'ignore ici-bas :
　　Autant vaudrait n'exister pas.
　　Comme il parlait, dans la prairie,
　　Arrive une troupe d'enfants :
　　Aussitôt les voilà courants

---

[1] C'est-à-dire de la discrétion ou plutôt de la modération. *Il faut user et non pas abuser*, dit un ancien précepte.
[2] *Le grillon* est un petit insecte qui a beaucoup de ressemblance avec la cigale ; il fait entendre un cri perçant ; il se loge ordinairement sous le foyer des maisons.

Après ce papillon dont ils ont tous envie.
Chapeaux, mouchoirs, bonnets, servent à l'attraper.
L'insecte vainement cherche à leur échapper.
  Il devient bientôt leur conquête.
L'un le saisit par l'aile, un autre par le corps;
Un troisième survient, et le prend par la tête :
  Il ne fallait pas tant d'efforts
  Pour déchirer la pauvre bête.
— Oh, oh ! dit le Grillon, je ne suis plus fâché;
Il en coûte trop cher pour briller dans le monde.
Combien je vais aimer ma retraite profonde !
  Pour vivre heureux, vivons caché.

FABLE XIX.

Le Château de Cartes.

Un bon mari, sa femme et deux jolis enfants
Coulaient en paix leurs jours dans le simple ermitage
Où, paisibles comme eux, vécurent leurs parents.
Ces époux, partageant les doux soins du ménage,
Cultivaient leur jardin, recueillaient leurs moissons;
Et le soir, dans l'été, soupant sous le feuillage,
  Dans l'hiver devant les tisons,
Ils prêchaient à leurs fils la vertu, la sagesse,
Leur parlaient du bonheur qu'ils procurent toujours :
Le père par un conte égayait ses discours,
  La mère par une caresse.
L'aîné de ces enfants, né grave, studieux,
  Lisait et méditait sans cesse;
Le cadet, vif, léger, mais plein de gentillesse,
Sautait, riait toujours, ne se plaisait qu'aux jeux.
Un soir, selon l'usage, à côté de leur père,
Assis près d'une table où s'appuyait la mère,
L'aîné lisait Rollin [1]; le cadet, peu soigneux

---

[1] *Rollin*, recteur de l'Université de Paris, né en 1661, mort en 1741, auteur

D'apprendre les hauts faits des Romains ou des Parthes [1]
Employait tout son art, toutes ses facultés [2],
A joindre, à soutenir par les quatre côtés,
    Un fragile [3] château de cartes.
Il n'en respirait pas d'attention, de peur.
    Tout à coup voici le lecteur
Qui s'interrompt : — Papa, dit-il, daigne m'instruire
Pourquoi certains guerriers sont nommés conquérants,
    Et d'autres fondateurs d'empire :
    Ces deux noms sont-ils différents ?
Le père méditait une réponse sage,
Lorsque son fils cadet, transporté de plaisir,
Après tant de travail, d'avoir pu parvenir
    A placer son second étage,
S'écrie : — Il est fini ! Son frère, murmurant,
Se fâche et d'un seul coup détruit son long ouvrage,
    Et voilà le cadet pleurant.
    — Mon fils, répond alors le père,
    Le fondateur, c'est votre frère,
    Et vous êtes le conquérant.

FABLE XX.

Le Danseur de Corde et le Balancier.

Sur la corde tendue un jeune voltigeur [4]
Apprenait à danser ; et déjà son adresse,
    Ses tours de force, de souplesse,
    Faisaient venir maint spectateur [5].

de plusieurs ouvrages estimés, l'*Histoire ancienne*, l'*Histoire romaine*, etc.
Rollin était membre de l'Académie des Inscriptions et Belles-Lettres. Son nom
a été donné à un des grands colléges de Paris.

[1] Les *Parthes*, peuple de la Haute Asie, qui combattirent pendant longtemps
contre les Romains.

[2] C'est-à-dire tout son savoir et toute son attention.

[3] *Fragile*, faible et si peu solide, que le moindre mouvement peut le renverser.

[4] Nom donné aux danseurs de corde d'un de leurs exercices, la *voltige*.

[5] ... *Maint spectateur*, c'est-à-dire plusieurs curieux qui le regardaient.

Sur son étroit chemin [1], on le voit qui s'avance,
Le balancier [2] en main, l'air libre [3], le corps droit,
    Hardi, léger autant qu'adroit :
Il s'élève, descend, va, vient, plus haut s'élance,
    Retombe, remonte en cadence,
    Et, semblable à certains oiseaux
Qui rasent en volant la surface des eaux,
    Son pied touche sans qu'on le voie,
A la corde qui plie et dans l'air le renvoie.
Notre jeune danseur, tout fier de son talent,
Dit un jour :— A quoi bon ce balancier pesant.
    Qui me fatigue et m'embarrasse ?
Si je dansais sans lui j'aurais bien plus de grâce,
    De force et de légèreté.
Aussitôt fait que dit, le balancier jeté,
Notre étourdi chancelle, étend les bras et tombe.
Il se cassa le nez, et tout le monde en rit.

Jeunes gens, jeunes gens, ne vous a-t-on pas dit
Que sans règle et sans frein tôt ou tard on succombe ?
La vertu, la raison, les lois, l'autorité,
Dans vos désirs fougueux [4] vous causent quelque peine ;
    C'est le balancier qui vous gêne,
    Mais qui fait votre sûreté.

FABLE XXI.

Le Chat et le Moineau.

    La prudence est bonne de soi,
Mais la pousser trop loin est une duperie :
    L'exemple suivant en fait foi.
Des moineaux habitaient dans une métairie.

[1] *Son étroit chemin*, c'est la corde sur laquelle il danse.
[2] *Balancier*, espèce de perche assez longue qui l'aide à se tenir en équilibre.
[3] *L'air libre*, c'est-à-dire paraissant marcher aussi aisément que sur la terre, sans préoccupation apparente.
[4] *Fougueux*, c'est-à-dire impétueux et violents.

Un beau champ de millet, voisin de la maison,
      Leur donnait du grain à foison.
Les moineaux dans le champ passaient toute leur vie,
Occupés de gruger les épis du millet.
Le vieux Chat du logis les guettait d'ordinaire,
Tournait et retournait; mais il avait beau faire,
Sitôt qu'il paraissait, la bande s'envolait.
Comment les attraper ? Notre vieux Chat y songe,
      Médite, fouille en son cerveau,
Et trouve un tour tout neuf. Il va tremper dans l'eau
      Sa patte dont il fait éponge ;
Dans du millet en grain aussitôt il la plonge ;
      Le grain s'attache tout autour.
Alors à cloche-pied [1], sans bruit, par un détour,
      Il va gagner le champ, s'y couche,
      La patte en l'air et sur le dos,
      Ne bougeant non plus qu'une souche.
Sa patte ressemblait à l'épi le plus gros :
L'oiseau s'y méprenait, il approchait sans crainte,
Venait pour becqueter; de l'autre patte, crac !
      Voilà mon oiseau dans le sac.
      Il en prit vingt par cette feinte.
Un Moineau s'aperçoit du piége scélérat,
      Et prudemment fuit la machine;
      Mais dès ce jour il s'imagine-
Que chaque épi de grain était patte de chat :
      Au fond de son trou solitaire
      Il se retire, et plus n'en sort,
      Supporte la faim, la misère,
      Et meurt pour éviter la mort.

---

[1] *A cloche-pied*, sur un pied; puisqu'il s'agit d'un chat c'est *sur trois pattes* que signifie cette expression; le chat ne pouvait marcher sur la quatrième qui était enduite de millet.

FABLE XXII.

Le Linot [1].

Une linotte avait un fils
Qu'elle adorait, selon l'usage ;
C'était l'unique fruit du plus doux mariage,
Et le plus beau Linot qui fût dans le pays :
Sa mère en était folle, et tous les témoignages
Que peuvent inventer la tendresse et l'amour
Étaient pour cet enfant épuisés chaque jour.
Notre jeune Linot, fier de ces avantages,
Se croyait un phénix [2], prenait l'air suffisant,
Tranchait du petit important
Avec les oiseaux de son âge,
Persiflait [3] la mésange ou bien le roitelet,
Donnait à chacun son paquet [4],
Et se faisait haïr de tout le voisinage.
Sa mère lui disait : — Mon cher fils, sois plus sage.
Plus modeste surtout. Hélas ! je conçois bien
Les dons, les qualités qui furent ton partage ;
Mais feignons de n'en savoir rien,
Pour qu'on les aime davantage.
A tout cela notre Linot
Répondait par quelque bon mot :
La mère en gémissait dans le fond de son âme.
Un vieux Merle, ami de la dame,
Lui dit : — Laissez aller votre fils au grand bois,
Je vous réponds qu'avant un mois

[1] *Le linot* est un petit oiseau qui chante assez agréablement.
[2] *Phénix,* oiseau fabuleux que les anciens croyaient le seul de son espèce et dont les Egyptiens avaient fait une divinité. Le phénix, devenu vieux, renaissait, disait-on, de ses cendres. Lorsqu'on veut désigner quelque chose de très rare ou de très extraordinaire, on dit: c'est un phénix.
[3] *Persifler,* railler, tourner quelqu'un en ridicule.
[4] *Donner à chacun son paquet,* n'épargner personne, médire de tout le monde.

Il sera sans défauts. Vous jugez des alarmes
De la mère, qui pleure et frémit du danger ;
Mais le jeune Linot brûlait de voyager :
    Il partit donc malgré ses larmes.
    A peine est-il dans la forêt,
    Que notre petit personnage
    Du Pivert entend le ramage,
    Et se moque de son fausset.
Le Pivert, qui prit mal cette plaisanterie,
Vient à bons coups de bec plumer le persifleur ;
    Et, deux jours après, une Pie,
Le dégoûte à jamais du métier de railleur.
Il lui restait encor la vanité secrète
    De se croire excellent chanteur ;
    Le Rossignol et la Fauvette
    Le guérirent de son erreur [1].
    Bref, il retourna chez sa mère
    Doux, poli, modeste et charmant.
Ainsi l'adversité fit, dans un seul moment,
Ce que tant de leçons n'avaient jamais pu faire.

FABLE XXIII.

Les singes et le Léopard [2].

Des singes dans un bois jouaient à la main chaude ;
    Certaine Guenon moricaude [3],
Assise gravement, tenait sur ses genoux
La tête de celui qui, courbant son échine,
    Sur sa main recevait les coups.
    On frappait fort ; et puis : devine !

[1] Le guérirent de cette erreur, non pas à coups de bec, mais lorsqu'il les entendit chanter.
[2] Animal féroce qui, sous le rapport de la forme extérieure, tient du lion (Leo) et du cheval.
[3] Moricaud, qui a le teint brun. Par dérision on donne aux nègres le nom de *Moricauds*. Guenon moricaude est donc une femelle de singe, brune ou noire.

Il ne devinait point ; c'étaient alors des ris,
      Des sauts, des gambades, des cris....
Attiré par le bruit du fond de sa tanière,
Un jeune Léopard, prince assez débonnaire,
Se présente au milieu de nos Singes joyeux.
Tout tremble à son aspect. — Continuez vos jeux,
Leur dit le Léopard, je n'en veux à personne,
      Rassurez-vous, j'ai l'âme bonne ;
Et je viens même ici comme particulier,
      A vos plaisirs m'associer.
      Jouons, je suis de la partie.
      — Ah! monseigneur, quelle bonté !
Quoi ! Votre Altesse veut, quittant sa dignité,
Descendre jusqu'à nous ! — Oui, c'est ma fantaisie,
Mon Altesse eut toujours de la philosophie,
      Et sait que tous les animaux
          Sont égaux.
Jouons donc, mes amis, jouons, je vous en prie.
Les Singes enchantés crurent à ce discours,
      Comme l'on y croira toujours.
      Toute la troupe joviale
Se remet à jouer : l'un d'entre eux tend la main ;
      Le Léopard frappe, et soudain
On voit couler du sang sous la griffe royale.
Le Singe cette fois devina qui frappait ;
      Mais il s'en alla sans le dire.
     Ses compagnons faisaient semblant de rire,
      Et le Léopard seul riait.
Bientôt chacun s'excuse et s'échappe à la hâte,
      En se disant entre leurs dents :
      Ne jouons point avec les grands,
Le plus doux a toujours des griffes à la patte.

FABLE XXIV.

L'Inondation.

Des laboureurs vivaient paisibles et contents
    Dans un riche et nombreux village.
Dès l'aurore ils allaient travailler à leurs champs ;
    Le soir, ils revenaient chantants
    Au sein d'un tranquille ménage ;
    Et la nature, bonne et sage,
Pour prix de leurs travaux, leur donnait tous les ans
    De beaux blés et de beaux enfants.
Mais il faut bien souffrir, c'est notre destinée.
    Or il arriva qu'une année,
    Dans le mois où le blond Phébus [1]
S'en va faire visite au brûlant Sirius [2],
    La terre, de sucs épuisée,
    Ouvrant de toutes parts son sein [3],
    Haletait sous un ciel d'airain :
    Point de pluie et point de rosée ;
Sur un sol [4] crevassé l'on voit noircir le grain.
Les épis sont brûlés, et leurs têtes penchées
    Tombent sur leurs tiges séchées.
    On tremble de mourir de faim ;
La commune s'assemble. En hâte on délibère ;
    Et chacun, comme à l'ordinaire,
    Parle beaucoup et rien ne dit [5].
Enfin quelques vieillards, gens de sens et d'esprit,

---

[1] *Phébus*, un des noms donnés par les Grecs au dieu Apollon, qui conduisait le char du soleil. *Phébus* est mis ici pour le *Soleil*.

[2] *Sirius*, la plus brillante des étoiles fixes ; pendant les chaleurs de la canicule, elle se lève et elle se couche en même temps que le soleil.

[3] Lorsque la terre est très sèche, on voit souvent se former à la surface une foule de petites crevasses.

[4] *Sur un sol*, c'est-à-dire sur un terrain.

[5] *Rien ne dit*, c'est-à-dire ne dit rien d'utile, rien qui puisse atténuer ce mal.

Proposèrent un parti sage :
— Mes amis, dirent-ils, d'ici vous pouvez voir
    Ce mont peu distant [1] du village :
Là se trouve un grand lac [2], immense réservoir
De souterraines eaux qui s'y font un passage.
Allez saigner ce lac [3] ; mais sachez ménager
    Un petit nombre de saignées,
Afin qu'à votre gré vous puissiez diriger
Ces bienfaisantes eaux dans vos terres baignées :
Juste quand il faudra nous les arrêterons.
Prenez bien garde au moins. — Oui, oui, courons, courons,
    S'écrie aussitôt l'assemblée.
    Et voilà mille jeunes gens,
Armés d'hoyaux [4], de pics et d'autres instruments,
Qui volent vers le lac : la terre est travaillée
Tout autour de ses bords ; on perce en cent endroits
    A la fois :
D'un morceau de terrain chaque ouvrier se charge.
    Courage, allons ! point de repos !
L'ouverture jamais ne peut être assez large.
Cela fut bientôt fait. Avant la nuit, les eaux,
Tombant de tout leur poids sur leur digue [5] affaiblie
    De partout roulent à grands flots.
Transports et compliments de la troupe ébahie,
    Qui s'admire dans ses travaux.
Le lendemain matin ce ne fut pas de même :
On voit flotter les blés sur un océan d'eau ;
Pour sortir du village il faut prendre un bateau ;
Tout est perdu, noyé. La douleur est extrême,
On s'en prend aux vieillards. — C'est vous, leur disait-on,
    Qui nous coûtez notre moisson [6] ;
Votre maudit conseil... — Il était salutaire,

---

[1] *Peu distant*, peu éloigné du village.
[2] Un *lac* est un amas d'eau dormante.
[3] *Allez saigner ce lac*, c'est-à-dire allez-y faire des ouvertures par lesquelles les eaux puissent passer pour arroser les terres environnantes.
[4] Un *hoyau* est un outil à deux fourchons servant à travailler la terre.
[5] Une *digue* est une espèce de construction en bois ou en pierres, ou simplement un amas de terre servant à contenir les eaux dans un certain espace.
[6] C'est-à-dire c'est vous qui êtes la cause que nous perdons notre moisson.

Répondit un d'entre eux ; mais ce qu'on vient de faire
Est fort loin du conseil comme de la raison.
Nous voulions un peu d'eau, vous nous lâchez la bonde[1] !
L'excès d'un très grand bien devient un mal très grand.

Le sage arrose doucement,
L'insensé tout de suite inonde.

FABLE XXV

Le Rhinocéros et le Dromadaire.

Un Rhinocéros jeune et fort
Disait un jour au Dromadaire :
— Expliquez-moi, s'il vous plaît, mon cher frère,
D'où peut venir pour nous l'injustice du sort.
L'homme, cet animal puissant par son adresse,
Vous recherche avec soin, vous loge, vous chérit,
De son pain même vous nourrit,
Et croit augmenter sa richesse
En multipliant votre espèce.
Je sais bien que sur votre dos
Vous portez ses enfants, sa femme et ses fardeaux ;
Que vous êtes léger, doux, sobre, infatigable ;
J'en conviens franchement : mais le Rhinocéros
Des mêmes vertus est capable ;
Je crois même, soit dit[2] sans vous mettre en courroux,
Que tout l'avantage est pour nous :
Notre corne et notre cuirasse
Dans les combats pourraient servir ;
Et cependant l'homme nous chasse,
Nous méprise, nous hait, et nous force à le fuir.

[1] La *bonde*, espèce de petite digue en bois, que l'on monte et que l'on baisse selon que l'on veut lâcher ou retenir l'eau ; ici on a fait plus que de lâcher la bonde, puisqu'on avait fait tant d'ouvertures que la digue avait été emportée.
Aujourd'hui de grands progrès ont été réalisés par l'agriculture. Par le *drainage* on enlève l'eau des terres où elle se trouve en excès et on la transmet aux terres desséchées.
[2] *Soit dit*, que ceci soit dit, ou qu'il me soit permis de le dire.

— Ami, répond le Dromadaire,
De notre sort ne soyez point jaloux ;
C'est peu de servir l'homme, il faut encor lui plaire.
Vous êtes étonné qu'il nous préfère à vous ;
Mais de cette faveur voici tout le mystère :
Nous savons plier les genoux.

FABLE XXVI.

Le Roi Alphonse.

Certain Roi [1] qui régnait sur les rives du Tage [2],
Et que l'on surnomma *le Sage*,
Non parce qu'il était prudent,
Mais parce qu'il était savant [3];
Alphonse fut surtout un habile astronome.
Il connaissait le ciel bien mieux que son royaume,
Et quittait souvent son conseil
Pour la lune ou pour le soleil.
Un soir qu'il retournait à son observatoire [4],
Entouré de ses courtisans :
— Mes amis, disait-il, enfin j'ai lieu de croire
Qu'avec mes nouveaux instruments
Je verrai cette nuit des hommes dans la lune.
— Votre Majesté les verra,
Répondait-on ; la chose est même trop commune,
Elle doit voir mieux que cela.
Pendant tous ces discours, un pauvre, dans la rue,
S'approche en demandant humblement, chapeau bas,
Quelques maravédis [5] ; le roi ne l'entend pas,

---

[1] Alphonse X, roi de Léon et de Castille, en Espagne, dit *le Sage* ou *l'Astronome* (1252 à 1282), mort en 1284 ; c'était l'un des hommes les plus instruits de son siècle, mais un roi faible et sans talents pour gouverner.

[2] Le Tage, fleuve d'Espagne et de Portugal.

[3] Du reste le mot castillan *el sabio*, qui est l'épithète donnée à ce roi, emporte plutôt l'idée de *savoir* que celle de *sagesse*.

[4] Un *observatoire* est un bâtiment dans lequel ont été placés des lunettes et d'autres instruments dont on se sert pour *observer* les astres.

[5] *Maravédis*, petite pièce de monnaie espagnole qui vaut un peu plus qu'un centime.

Et sans le regarder son chemin continue.
Le pauvre suit le roi, toujours tendant la main,
Toujours renouvelant sa prière importune [1] ;
Mais, les yeux vers le ciel, le roi, pour tout refrain,
Répétait : — Je verrai des hommes dans la lune.
            Enfin le pauvre le saisit
Par son manteau royal, et gravement lui dit :
— Ce n'est pas de là-haut, c'est des lieux où nous sommes,
            Que Dieu vous a fait souverain.
Regardez à vos pieds ; là vous verrez des hommes,
            Et des hommes manquant de pain.

FABLE XXVII.

Le Dervis [2], la Corneille et le Faucon [3].

            Un de ces pieux solitaires
Qui, détachant leur cœur des choses d'ici-bas,
Font vœu de renoncer à des biens qu'ils n'ont pas [4],
            Pour vivre du bien de leurs frères,
Un Dervis, en un mot, s'en allait mendiant
            Et priant,
Lorsque les cris plaintifs d'une jeune Corneille
Par des parents cruels laissée en son berceau
Presque sans plume encor, vinrent à son oreille,
Notre Dervis regarde, et voit le pauvre oiseau
Allongeant sur son nid sa tête demi-nue :
            Dans l'instant, du haut de la nue,
            Un Faucon descend vers ce nid ;
            Et, le bec rempli de pâture,
            Il apporte sa nourriture

---

[1] *Prière importune*, c'est-à-dire faite mal à propos.
[2] Les *Dervis* ou *Derviches* sont des moines mahométans qui ne s'occupent que de prédication.
[3] Le *faucon* est un oiseau de proie, c'est-à-dire qui fait la chasse aux autres oiseaux et qui les mange.
[4] Les dervis sont presque toujours très pauvres ; c'est une conséquence inévitable de la paresse qui leur est habituelle.

A l'orpheline qui gémit.
— Oh! du puissant Allah [1] providence adorable!
S'écria le Dervis; plutôt qu'un innocent
Périsse sans secours, tu rends compatissant
    Des oiseaux le moins pitoyable!
Et moi, fils du Très-Haut, je chercherais mon pain!
    Non, par le Prophète [2] j'en jure,
Tranquille désormais, je remets mon destin
A celui qui prend soin de toute la nature [3].
Cela dit, le Dervis, couché tout de son long,
    Se met à bayer aux corneilles [4];
De la création admire les merveilles,
    De l'univers l'ordre profond.
    Le soir vint; notre solitaire
Eut un peu d'appétit en faisant sa prière :
— Ce n'est rien, disait-il, mon souper va venir.
Le souper ne vient point. — Allons, il faut dormir,
Ce sera pour demain. Le lendemain, l'aurore
    Paraît, et point de déjeuner.
    Ceci commence à l'étonner;
    Cependant il persiste encore [5],
Et croit à chaque instant voir venir son dîner.
Personne n'arrivait; la journée est finie,
Et le Dervis à jeun voyait d'un œil d'envie
    Ce Faucon qui venait toujours
    Nourrir sa pupille chérie.
Tout à coup il l'entend lui tenir ce discours :
    — Tant que vous n'avez pu, ma mie,
    Pourvoir vous-même à vos besoins,
    De vous j'ai pris de tendres soins;
    A présent que vous voilà grande,

[1] Les Mahométans désignent par ce mot l'Être suprême; c'est aussi leur cri de guerre.

[2] *Par le Prophète* Mahomet. C'est la formule ordinaire du serment chez les Mahométans.

[3] C'est-à-dire je me confie entièrement à Dieu.

[4] *Bayer aux corneilles* se dit proverbialement des personnes qui passent leur temps à des choses futiles ou qui ne font absolument rien. La signification propre de *bayer*, qu'il ne faut pas confondre avec *bâiller*, est de regarder bouche béante.

[5] Il attend toujours.

Je ne reviendrai plus, Allah nous recommande
    Les faibles et les malheureux,
    Mais être faible ou paresseux,
    C'est un grande différence.
    Nous ne recevons l'existence
Qu'afin de travailler pour nous ou pour autrui.
De ce devoir sacré quiconque se dispense [1]
    Est puni de la Providence
    Par le besoin ou par l'ennui.
Le Faucon dit et part. Touché de ce langage,
Le Dervis converti reconnaît son erreur,
    Et gagnant le premier village,
    Se fait valet de laboureur.

FABLE XXVIII.

Les Enfants et les Perdreaux [2].

Deux Enfants d'un Fermier, gentils, espiègles, beaux,
    Mais un peu gâtés par leur père,
    Cherchant des nids dans leur enclos,
    Trouvèrent de petits Perdreaux
    Qui voletaient [3] après leur mère.
Vous jugez de leur joie, et comment mes bambins
    A la troupe qui s'éparpille [4]
    Vont partout couper les chemins,
    Et n'ont pas assez de leurs mains
    Pour prendre la pauvre famille!
La Perdrix, traînant l'aile, appelant ses petits,
    Tourne en vain, voltige, s'approche;
    Déjà mes jeunes étourdis
    Ont toute sa couvée en poche.

[1] C'est-à-dire celui qui ne travaille pas est puni.
[2] Jeunes perdrix.
[3] *Qui voletaient*, c'est-à-dire qui volaient difficilement, avec peine.
[4] *Qui s'éparpille*, qui se disperse de tous côtés.

Ils veulent partager comme de bons amis ;
Chacun en garde six ; il en reste un treizième :

L'aîné le veut ; l'autre le veut aussi.
— Tirons au doigt mouillé. — Parbleu non. — Parbleu si.
— Cède, ou bien tu verras. — Mais tu verras toi-même.
De propos en propos, l'aîné, peu patient,
Jette à la tête de son frère
Le Perdreau disputé. Le cadet en colère,
D'un des siens riposte à l'instant.
L'aîné recommence d'autant ;
Et ce jeu qui leur plaît couvre autour d'eux la terre
De pauvres Perdreaux palpitants.
Le Fermier, qui passait en revenant des champs,
Voit ce spectacle sanguinaire,
Accourt et dit à ses Enfants :
Comment donc, petits rois [1], vos discordes cruelles
Font que tant d'innocents expirent sous vos coups !
De quel droit, s'il vous plaît, dans vos tristes querelles,
Faut-il que l'on meure pour vous ?

FABLE XXIX.

Le Perroquet confiant

Cela ne sera rien, disent certaines gens
Lorsque la tempête est prochaine,
Pourquoi nous affliger avant que le mal vienne ?
Pourquoi ? Pour l'éviter, s'il en est encor temps.
Un capitaine de navire,
Fort brave homme, mais peu prudent,
Se mit en mer malgré le vent.
Le pilote avait beau lui dire
Qu'il risquait sa vie et son bien,

[1] Allusion à beaucoup de rois guerriers qui, pour satisfaire leurs caprices ou pour vider leurs querelles avec des rois voisins, n'ont pas craint de faire couler le sang de leurs sujets.

Notre homme ne faisait qu'en rire,
Et répétait toujours : *Cela né sera rien.*
Un perroquet de l'équipage,
A force d'entendre ces mots,
Les retint, et les dit pendant tout le voyage.
Le navire égaré voguait au gré des flots,
Quand un calme plat vous l'arrête.
Les vivres tiraient à la fin [1];
Point de terre voisine, et bientôt plus de pain,
Chacun des passagers s'attriste, s'inquiète ;
Notre capitaine se tait.
Cela ne sera rien, criait le Perroquet.
Le calme continue ; on vit vaille que vaille [2],
Il ne reste plus de volaille :
On mange les oiseaux, triste et dernier moyen !
Perruches, cardinaux, kakatois, tout y passe ;
Le Perroquet, la tête basse,
Disait plus doucement : *Cela ne sera rien.*
Il pouvait encore fuir : sa cage était trouée ;
Il attendit, il fut étranglé bel et bien ;
Et, mourant, il criait d'une voix enrouée :
Cela... cela ne sera rien.

FABLE XXX.

Le Savant et le Fermier.

Que j'aime les héros dont je conte l'histoire !
Et qu'à m'occuper d'eux je trouve de douceur !
J'ignore s'ils pourront m'acquérir de la gloire,
Mais je sais qu'ils font mon bonheur.
Avec les animaux je veux passer ma vie ;
Ils sont si bonne compagnie !

[1] C'est-à-dire qu'il ne restait presque plus de vivres.
[2] C'est-à-dire tant bien que mal.

Je conviens cependant, et c'est avec douleur,
    Que tous n'ont pas le même cœur.
Plusieurs que l'on connaît, sans qu'ici je les nomme,
    De nos vices ont bonne part.
Mais je les trouve encor moins dangereux que l'homme :
Et, fripon pour fripon, je préfère un renard.
    C'est ainsi que pensait un sage,
    Un bon Fermier de mon pays.
Depuis quatre-vingts ans, de tout le voisinage,
On venait écouter et suivre ses avis.
Chaque mot qu'il disait était une sentence.
Son exemple surtout aidait son éloquence :
Et, lorsqu'environné de ses quarante enfants,
    Fils, petits-fils, brus [1], gendres, filles,
Il jugeait les procès ou réglait les familles [2],
Nul n'eût osé mentir devant ses cheveux blancs.
Je me souviens qu'un jour dans son champêtre asile
    Il vint un Savant de la ville
Qui dit au bon vieillard : — Mon père, enseignez-moi
    Dans quel auteur, dans quel ouvrage,
    Vous apprîtes l'art d'être sage ?
Chez quelle nation, à la cour de quel roi
    Avez-vous été, comme Ulysse [3],
    Prendre des leçons de justice ?
Suivez-vous de Zénon [4] la rigoureuse loi ?
Avez-vous embrassé la secte d'Épicure [5] ?
Celle de Pythagore [6] ou du divin Platon [7] ?
— De tous ces messieurs-là je ne sais pas le nom,
Répondit le vieillard ; mon livre est la nature :

[1] Les *brus*, c'est-à-dire les belles-filles du vieillard, les femmes de ses fils.
[2] *Il réglait les familles*, c'est-à-dire qu'il réglait les différends qui survenaient dans les familles.
[3] Roi d'Ithaque qui, d'après la mythologie, était souvent inspiré par Minerve, déesse de la sagesse.
[4] Zénon, célèbre philosophe grec, le fondateur du stoïcisme (340 à 260 avant Jésus-Christ).
[5] Épicure, philosophe athénien, qui enseignait que la philosophie consistait à jouir de la vie (342 à 270 avant Jésus-Christ).
[6] Pythagore, philosophe grec du sixième siècle avant Jésus-Christ, né à Samos, qui enseignait la métempsycose, c'est-à-dire le passage de l'âme d'un corps dans un autre. Les Pythagoriciens ne buvaient que de l'eau et ne mangeaient que des herbes.
[7] Platon, le plus célèbre des philosophes grecs, disciple de Socrate. Il don-

Et mon unique précepteur,
C'est mon cœur.
Je vois les animaux, j'y trouve le modèle
Des vertus que je dois chérir :
La colombe m'apprit à devenir fidèle ;
En voyant la fourmi, j'amassai pour jouir ;
Mes bœufs m'enseignent la constance,
Mes brebis la douceur, mes chiens la vigilance ;
Et si j'avais besoin d'avis
Pour aimer mes filles, mes fils,
La poule et ses poussins me serviraient d'exemple.
Ainsi dans l'univers tout ce que je contemple
M'avertit d'un devoir qu'il m'est doux de remplir.
Je fais souvent du bien pour avoir du plaisir.
J'aime et je suis aimé, mon âme est tendre et pure,
Et toujours, selon ma mesure,
Ma raison sait régler mes vœux :
J'observe et je suis la nature,
C'est mon secret pour être heureux.

FABLE XXXI.

L'Écureuil, le Chien et le Renard.

Un gentil Écureuil était le camarade,
Le tendre ami d'un beau Danois [1].
Un jour qu'ils voyageaient comme Oreste et Pylade [2],
La nuit les surprit dans un bois.
En ce lieu point d'auberge ; ils eurent de la peine
A trouver où se bien coucher.

naît ses leçons à Athènes, dans les jardins d'*Academus*, d'où est venu le nom d'*Académie*, donné à l'école philosophique fondée par Platon (388 avant Jésus-Christ), et depuis, par extension, à diverses sociétés littéraires ou scientifiques.

[1] Nom d'une espèce de chien.

[2] *Oreste*, fils d'Agamemnon, et *Pylade*, roi de Phocide. La mythologie a rendu leur amitié célèbre.

Enfin le Chien se mit dans le creux d'un vieux chêne,
Et l'Écureuil plus haut grimpa pour se nicher.
      Vers minuit, c'est l'heure des crimes,
      Longtemps après que nos amis,
En se disant bonsoir, se furent endormis,
Voici qu'un vieux Renard, affamé de victimes,
Arrive au pied de l'arbre, et, levant le museau,
      Voit l'Écureuil sur un rameau.
Il le mange des yeux, humecte de sa langue
Ses lèvres qui de sang brûlent de s'abreuver ;
Mais jusqu'à l'Écureuil il ne peut arriver ;
      Il faut donc par une harangue
L'engager à descendre ; et voici son discours :
      — Ami, pardonnez, je vous prie,
Si de votre sommeil j'ose troubler le cours ;
Mais le pieux transport dont mon âme est remplie
Ne peut se contenir : je suis votre cousin
      Germain !
Votre mère était sœur de feu mon digne père.
Cet honnête homme, hélas ! à son heure dernière,
M'a tant recommandé de chercher son neveu
      Pour lui donner moitié du peu
Qu'il m'a laissé de bien ! Venez donc, mon cher frère,
      Venez, par un embrassement,
Combler le doux plaisir que mon âme ressent.
Si je pouvais monter jusqu'aux lieux où vous êtes,
Oh ! j'y serais déjà, soyez-en bien certain.
      Les Écureuils ne sont pas bêtes,
      Et le mien était fort malin.
      Il reconnaît le patelin,
Et répond d'un ton doux : — Je meurs d'impatience
      De vous embrasser, mon cousin :
Je descends ; mais, pour mieux lier la connaissance,
Je veux vous présenter mon plus fidèle ami,
Un parent qui prit soin de nourrir mon enfance ;
Il dort dans ce trou-là : frappez un peu, je pense
Que vous serez charmé de le connaître aussi.
      Aussitôt maître Renard frappe,
Croyant en manger deux ; mais le fidèle Chien

S'élance de l'arbre, le happe,
Et vous l'étrangle bel et bien [1].

Ceci prouve deux points : d'abord qu'il est utile
Dans la douce amitié de placer son bonheur ;
Puis qu'avec de l'esprit il est souvent facile
Au piége qu'il nous tend de surprendre un trompeur.

FABLE XXXII.

Le Perroquet.

Un gros Perroquet gris, échappé de sa cage,
        Vint s'établir dans un bocage ;
Et là, prenant le ton de nos faux connaisseurs,
Jugeant tout, blâmant tout d'un air de suffisance,
Au chant du rossignol il trouvait des longueurs,
        Critiquait surtout sa cadence.
Le linot [2], selon lui, ne savait pas chanter ;
La fauvette aurait fait quelque chose peut-être,
        Si de bonne heure il eût été son maître,
        Et qu'elle eût voulu profiter.
Enfin aucun oiseau n'avait l'art de lui plaire :
Et, dès qu'ils commençaient leurs joyeuses chansons,
Par des coups de sifflet répondant à leurs sons,
        Le Perroquet les faisait taire.
Lassés de tant d'affronts, tous les oiseaux du bois
Viennent lui dire un jour : — Mais parlez donc, beau sire ;
Vous qui sifflez toujours, faites qu'on vous admire ;
Sans doute vous avez une brillante voix,
        Daignez chanter pour nous instruire.
        Le Perroquet dans l'embarras,

---

[1] *Bel et bien*, sans hésiter, tout de suite, de la bonne manière.
[2] C'est-à-dire le mâle de la linotte.

Se gratte un peu la tête, et finit par leur dire :
— Messieurs, je siffle bien, mais je ne chante pas [1].

FABLE XXXIII.

L'Habit d'Arlequin.

Vous connaissez ce quai nommé de la Ferraille [2],
Où l'on vend des oiseaux, des hommes [3] et des fleurs :
A mes fables souvent c'est là que je travaille ;
J'y vois des animaux, et j'observe leurs mœurs.
Un jour de mardi gras j'étais à la fenêtre
    D'un oiseleur de mes amis,
    Quand sur le quai je vis paraître
Un petit Arlequin, leste, bien fait, bien mis,
Qui, la batte [4] à la main, d'une grâce légère,
Courait après un masque en habit de bergère.
Le peuple applaudissait par des ris, par des cris.
    Tout près de moi, dans une cage,
Trois oiseaux étrangers de différent plumage,
    Perruche, cardinal, serin,
    Regardaient aussi l'Arlequin.

[1] Cette fable est dirigée contre les critiques qui trouvent toujours à signaler des fautes dans les œuvres des autres, mais qui ne produisent rien. Il faut cependant remarquer qu'il est possible de juger et de juger bien sans qu'on sache créer une œuvre aussi bonne que celle que l'on critique. Ainsi on peut apprécier l'harmonie, la mélodie d'un morceau de musique sans être musicien, et on peut fort bien reconnaître un défaut de proportion ou une erreur de coloris dans un tableau sans être peintre, sans même savoir dessiner.

[2] Au siècle dernier, le marché des oiseaux et des fleurs se tenait, à Paris, quai de la Ferraille ; c'était là aussi que les recruteurs faisaient les enrôlements pour les régiments du roi. Ces enrôlements, qui donnaient lieu à de nombreux abus, ont été remplacés par la conscription.

[3] Vendre des hommes. L'expression n'est pas exacte. Au quai de la Ferraille les recruteurs *achetaient* des hommes, mais ces hommes se vendaient eux-mêmes. Avant l'introduction de la nouvelle loi qui a chargé le Gouvernement de fournir au remplacement des conscrits qui veulent s'exonérer du service militaire, on désignait les agents qui procuraient des remplaçants sous le nom de *marchands d'hommes*, mais c'était une expression triviale.

[4] *Batte*, morceau de bois léger et flexible qui fait partie du costume d'Arlequin.

La Perruche disait : — J'aime peu son visage,
Mais son charmant habit n'eut jamais son égal;
Il est d'un si beau vert ! — Vert ! dit le Cardinal :
  Vous n'y voyez donc pas, ma chère ?
  L'habit est rouge assurément,
  Voilà ce qui le rend charmant.
  — Oh ! pour celui-là, mon compère,
Répondit le Serin, vous n'avez pas raison,
  Car l'habit est jaune citron ;
Et c'est ce jaune-là qui fait tout son mérite.
— Il est vert. — Il est jaune. — Il est rouge, morbleu !
  Interrompt chacun avec feu ;
  Et déjà le trio [1] s'irrite.
— Amis, apaisez-vous, leur crie un bon Pivert [2],
  L'habit est jaune, rouge et vert.
Cela vous surprend fort : voici tout le mystère :
Ainsi que bien des gens d'esprit et de savoir,
Mais qui d'un seul côté regardent une affaire,
  Chacun de vous ne veut y voir
  Que la couleur qui sait lui plaire.

FABLE XXXIV.

Le Pacha et le Dervis [3].

Un Arabe, à Marseille, autrefois m'a conté
  Qu'un Pacha turc dans sa patrie
Vint porter certain jour un coffret cacheté
Au plus sage Dervis qui fût en Arabie.
— Ce coffret, lui dit-il, renferme des rubis,
  Des diamants d'un très grand prix :
  C'est un présent que je veux faire

---

[1] C'est-à-dire les trois oiseaux.
[2] Le pivert est vert et jaune.
[3] *Pacha*, haut fonctionnaire turc. Les *Dervis* ou les *Derviches* sont, comme
nous l'avons déjà dit, des moines musulmans.

A l'homme que tu jugeras
Etre le plus fou de la terre.
Cherche bien, tu le trouveras.
Muni de son coffret, notre bon solitaire
S'en va courir le monde. Avait-il donc besoin
D'aller loin ?
L'embarras de choisir était sa grande affaire :
Des fous toujours plus fous venaient de toutes parts
Se présenter à ses regards.
Notre pauvre dépositaire
Pour l'offrir à chacun saisissait le coffret ;
Mais un pressentiment secret
Lui conseillait de n'en rien faire,
L'assurait qu'il trouverait mieux.
Errant ainsi de lieux en lieux,
Embarrassé de son message,
Enfin, après un long voyage,
Notre homme et le coffret arrivent un matin
Dans la ville de Constantin [1].
Il trouve tout le peuple en joie :
— Que s'est-il donc passé ? — Rien lui dit un iman [2];
C'est notre grand vizir [3] que le sultan envoie,
Au moyen d'un lacet de soie,
Porter au Prophète un firman [4].
Le peuple rit toujours de ces sortes d'affaires ;
Et, comme ce sont des misères,
Notre empereur souvent lui donne ce plaisir.
— Souvent ? — Oui. — C'est fort bien. Votre nouveau vizir
Est-il nommé ? — Sans doute, et le voilà qui passe.
Le Dervis, à ces mots, court, traverse la place,
Arrive et reconnaît le Pacha son ami.
— Bon ! te voilà ! dit celui-ci :
Et le coffret ? — Seigneur, j'ai parcouru l'Asie :
J'ai vu des fous parfaits, mais sans oser choisir.

[1] *La ville de Constantin*, c'est-à-dire Constantinople, capitale de la Turquie, que les Turcs appellent Stamboul et qui fut fondée par Constantin le Grand, né en 274, mort en 337.
[2] *Iman*, ministre du culte mahométan.
[3] *Grand vizir*, principal ministre.
[4] *Firman*, ordre du sultan. Ces deux vers signifient qu'on allait étrangler le vizir, suivant l'ancienne coutume, avec un lacet de soie.

Aujourd'hui ma course est finie ;
Daignez l'accepter, grand vizir.

FABLE XXXV.

La Guenon, le Singe et la Noix.

Une jeune Guenon[1] cueillit
Une noix dans sa coque verte ;
Elle y porte la dent, fait la grimace... — Ah ! certe,
Dit-elle, ma mère mentit
Quand elle m'assura que les noix étaient bonnes.
Puis, croyez aux discours de ces vieilles personnes
Qui trompent la jeunesse ! Au diable soit le fruit !
Elle jette la noix. Un Singe la ramasse
Vite entre deux cailloux la casse,
L'épluche, la mange, et lui dit :
— Votre mère eut raison, ma mie,
Les noix ont fort bon goût, mais il faut les ouvrir.
Souvenez-vous que, dans la vie,
Sans un peu de travail on n'a point de plaisir.

FABLE XXXVI.

Le Lapin et la Sarcelle [2].

Unis dès leurs jeunes ans
D'une amitié fraternelle,
Un Lapin, une Sarcelle,
Vivaient heureux et contents.
Le terrier [3] du Lapin était sur la lisière

---

[1] Nous avons vu qu'une *guenon* est la femelle du singe.
[2] La *sarcelle* est un oiseau qui vit sur les eaux ; elle a quelque ressemblance avec le canard, mais elle est beaucoup plus petite.
[3] Le *terrier*, c'est-à-dire le trou du lapin, sa demeure.

D'un parc bordé d'une rivière.
Soir et matin nos bons amis,
Profitant de ce voisinage,
Tantôt au bord de l'eau, tantôt sous le feuillage,
L'un chez l'autre étaient réunis.
Là, prenant leurs repas, se contant des nouvelles,
Ils n'en trouvaient point de si belles
Que de se répéter qu'ils s'aimeraient toujours :
Ce sujet revenait sans cesse en leurs discours.
Tout était en commun : plaisir, chagrin, souffrance ;
Ce qui manquait à l'un, l'autre le regrettait ;
Si l'un avait du mal, son ami le sentait :
Si d'un bien au contraire il goûtait l'espérance,
Tous deux en jouissaient d'avance.
Tel était leur destin [1], lorsqu'un jour, jour affreux,
Le Lapin pour dîner venant chez la Sarcelle,
Ne la retrouve plus : inquiet, il l'appelle ;
Personne ne répond à ses cris douloureux.
Le Lapin, de frayeur l'âme toute saisie,
Va, vient, fait mille tours, cherche dans les roseaux,
S'incline par-dessus les flots,
Et voudrait s'y plonger pour trouver son amie.
— Hélas ! s'écriait-il, n'entends-tu ? réponds-moi,
Ma sœur, ma compagne chérie :
Ne prolonge pas mon effroi ;
Encor quelques moments, c'en est fait de ma vie :
J'aime mieux expirer [2] que de trembler pour toi.
Disant ces mots, il court, il pleure,
Et s'avançant le long de l'eau,
Arrive enfin près du château
Où le seigneur du lieu demeure.
Là, notre désolé Lapin
Se trouve au milieu d'un parterre,
Et voit une grande volière
Où mille oiseaux divers volaient sur un bassin.

---

[1] *Tel était leur destin*, c'est-à-dire tel était leur sort, c'est ainsi que s'écoulait leur vie.

[2] *J'aime mieux mourir* que de craindre pour ton sort. — On a reproché à Florian le style pompeux qu'il met dans la bouche d'un pauvre petit animal comme le lapin ; c'est, en effet, un petit défaut dans cette charmante fable.

L'amitié donne du courage.
Notre ami, sans rien craindre, approche du grillage,
Regarde, et reconnaît... Ô tendresse ! ô bonheur !
La Sarcelle. Aussitôt il pousse un cri de joie,
Et, sans perdre de temps à consoler sa sœur,
    De ses quatre pieds il s'emploie
    A creuser un secret chemin [1]
Pour joindre son amie, et, par ce souterrain,
Le Lapin tout à coup entre dans la volière,
Comme un mineur [2] qui prend une place de guerre.
Les oiseaux effrayés se pressent en fuyant.
Lui court à la Sarcelle ; il l'entraîne à l'instant
Dans son obscur sentier, la conduit sous la terre,
Et, la rendant au jour, il est près de mourir
    De plaisir.
Quel moment pour tous deux ! que ne sais-je le peindre
    Comme je saurais le sentir !
Nos bons amis croyaient n'avoir plus rien à craindre ;
Ils n'étaient pas au bout. Le maître du jardin,
En voyant le dégât [3] commis dans sa volière,
Jure d'exterminer jusqu'au dernier lapin ;
Mes fusils, mes furets [4] ! criait-il en colère.
    Aussitôt fusils et furets
    Sont tout prêts.
Les gardes et les chiens vont dans les jeunes tailles,
    Fouillant les terriers [5], les broussailles ;
Tout lapin qui paraît trouve un affreux trépas :
Les rivages du Styx [6] sont bordés de leurs mânes :
    Dans le funeste jour de Cannes [7],
    On mit moins de Romains à bas.
La nuit vient ; tant de sang n'a point éteint la rage

---

[1] C'est-à-dire un chemin caché aux regards des hommes.
[2] *Mineur*, ouvrier dont l'emploi est de creuser des mines.
[3] *Le dégât*, c'est-à-dire le trou fait par le lapin pour rejoindre la sarcelle.
[4] *Furet*, espèce de fouine dont on se sert pour chasser les lapins et les faire sortir de leur terrier.
[5] *Fouillant les terriers*, probablement en y lançant les furets.
[6] *Styx*. Suivant la mythologie, c'est un fleuve des enfers.
[7] *Cannes*, nom d'une fameuse bataille gagnée par Annibal, célèbre général carthaginois ; ce fut deux siècles avant Jésus-Christ que cette bataille fut livrée : cinquante mille Romains environ y périrent.

Du seigneur, qui remet au lendemain matin
    La fin de l'horrible carnage.
    Pendant ce temps notre Lapin,
Tapi [1] sous des roseaux auprès de la Sarcelle,
    Attendait en tremblant la mort,
Mais conjurait sa sœur de fuir à l'autre bord,
    Pour ne pas mourir devant elle.
— Je ne te quitte point, lui répondait l'oiseau;
Nous séparer serait la mort la plus cruelle.
    Ah! si tu pouvais passer l'eau!
Pourquoi pas? Attends-moi... La Sarcelle le quitte,
    Et revient traînant un vieux nid
Laissé par des canards; elle l'emplit bien vite
De feuilles, de roseaux, les presse, les unit
Des pieds, du bec, en forme un batelet [2] capable
    De supporter un lourd fardeau;
    Puis elle attache à ce vaisseau
Un brin de jonc qui servira de câble [3].
    Cela fait, et le bâtiment
Mis à l'eau, le Lapin entre tout doucement
Dans le léger esquif, s'assied sur son derrière,
Tandis que devant lui la Sarcelle, nageant,
Tire le brin de jonc, et s'en va dirigeant
    Cette nef à son cœur si chère.
On aborde, on débarque, et jugez du plaisir!
    Non loin du port on va choisir
Un asile où, coulant des jours dignes d'envie,
    Nos bons amis, libres, heureux,
    Aimèrent d'autant plus la vie
    Qu'ils se la devaient tous les deux.

[1] *Tapi,* c'est-à-dire blotti, caché.
[2] *Batelet,* petit bateau.
[3] *Câble,* grosse corde dont se servent les marins.

FABLE XXXVII.

Le Chat et les Rats.

Un Angora [1], que sa maîtrese
Nourrissait de mets délicats,
Ne faisait plus la guerre aux Rats;
Et les Rats, connaissant sa bonté, sa paresse,
Allaient, trottaient partout, et ne se gênaient pas.
Un jour, dans un grenier retiré, solitaire,
Où notre Chat dormait après un bon festin,
Plusieurs Rats viennent dans le grain
Prendre leur repas ordinaire.
L'Angora ne bougeait. Alors mes étourdis
Pensent qu'ils lui font peur; l'orateur de la troupe
Parle des chats avec mépris.
On applaudit fort, on s'attroupe,
On le proclame général.
Grimpé sur un boisseau qui sert de tribunal :
— Braves amis, dit-il, courons à la vengeance;
De ce grain désormais nous devons être las,
Jurons de ne manger désormais que des chats;
On les dit excellents, nous en férons bombance.
A ces mots, partageant son belliqueux transport,
Chaque nouveau guerrier sur l'Angora s'élance
Et réveille le chat qui dort.
Celui-ci, comme on croit, dans sa juste colère,
Coucha bientôt sur la poussière
Général, tribuns [2] et soldats :
Il ne s'échappa que deux Rats,

[1] L'*Angora* est une sorte de chat qui a des poils longs et soyeux.
[2] Les tribuns du peuple étaient, chez les Romains, des magistrats chargés de défendre les intérèts du peuple contre les patriciens. Par extension on donne le nom de tribun aux orateurs qui défendent avec véhémence les droits populaires ou qui conseillent des résolutions énergiques.

Qui disaient, en fuyant bien vite à leur tanière:
— Il ne faut point pousser à bout
L'ennemi le plus débonnaire;
On perd ce que l'on tient quand on veut gagner tout.

FABLE XXXVIII.

Lé Miroir de la Vérité.

Dans le beau siècle d'or, quand les premiers humains,
Au milieu d'une paix profonde,
Coulaient des jours purs et sereins,
La Vérité courait le monde
Avec son Miroir dans les mains.
Chacun s'y regardait, et le Miroir sincère
Retraçait à chacun son plus secret désir
Sans jamais le faire rougir :
Temps heureux qui ne dura guère!
L'homme devint bientôt méchant et criminel.
La Vérité s'enfuit au ciel,
Et jetant de dépit son Miroir sur la terre,
Le pauvre Miroir se cassa.
Ses débris, qu'au hasard la chute dispersa,
Furent perdus pour le vulgaire;
Plusieurs siècles après, on en connut le prix;
Et c'est depuis ce temps que l'on voit plus d'un sage
Chercher avec soin ses débris,
Les retrouver parfois; mais ils sont si petits,
Que personne n'en fait usage.

Hélas! le sage le premier
Ne s'y voit jamais tout entier.

FABLE XXXIX.

Les Deux Paysans et le Nuage.

—Guillot, disait un jour Lucas,
D'une voix triste et lamentable,
Ne vois-tu pas venir là-bas
Ce gros nuage noir? C'est la marque effroyable
Du plus grand des malheurs. — Pourquoi? répond Guillot.
—Pourquoi? regarde donc; ou je ne suis qu'un sot,
    Ou ce nuage est de la grêle
Qui va tout abîmer, vigne, avoine, froment;
    Toute la récolte nouvelle
    Sera détruite en un moment;
Il ne restera rien : le village en ruine
    Dans trois mois aura la famine :
Puis la peste viendra, puis nous périrons tous.
—La peste! dit Guillot : doucement, calmez-vous;
    Je ne vois point cela, compère :
Et, s'il faut vous parler selon mon sentiment,
    C'est que je vois tout le contraire;
    Car ce nuage assurément
Ne porte point de grêle, il porte de la pluie.
    La terre est sèche dès longtemps,
    Il va bien arroser nos champs;
Toute notre récolte en doit être embellie :
    Nous aurons le double de foin,
Moitié plus de froment, de raisins abondance;
    Nous serons tous dans l'opulence,
Et rien, hors les tonneaux, ne nous fera besoin .
—C'est bien voir que cela, dit Lucas en colère.
—Mais chacun a ses yeux[2], lui répondit Guillot.
—Oh! puisqu'il est ainsi, je ne dirai plus mot;

[1] C'est-à-dire ne nous manquera.
[2] *Chacun a ses yeux*, c'est-à-dire chacun a sa manière de voir les choses.

Attendons la fin de l'affaire :
Rira bien qui rira le dernier. — Dieu merci,
      Ce n'est pas moi qui pleure ici.
Ils s'échauffaient tous deux ; déjà, dans leur furie,
Ils allaient se gourmer[1] lorsqu'un souffle de vent
Emporta loin de là le nuage effrayant :
      Ils n'eurent ni grêle ni pluie.

FABLE XL.

Le Voyage.

Partir avant le jour, à tâtons, sans voir goutte,
Sans songer seulement à demander sa route,
Aller de chute en chute, et, se traînant ainsi,
Faire un tiers du chemin jusqu'à près de midi[2],
Voir sur sa tête alors s'amasser les nuages,
Dans un sable mouvant précipiter ses pas,
Courir, en essuyant orages sur orages,
Vers un but incertain où l'on n'arrive pas ;
Détrompé vers le soir[3], chercher une retraite,
Arriver haletant, se coucher, s'endormir :
On appelle cela naître, vivre et mourir.
      La volonté de Dieu soit faite !

FABLE XLI.

Le Coq fanfaron.

      Il fait bon battre un glorieux[4] :
Des revers qu'il éprouve il est toujours joyeux ;
Toujours sa vanité trouve dans sa défaite
      Un moyen d'être satisfaite.

[1] *Se gourmer*, se battre.
[2] Le milieu du jour, ici la moitié de l'existence.
[3] Le soir, l'âge mûr, la vieillesse.
[4] Dans ce sens le mot *glorieux* est synonyme de vain, orgueilleux, superbe.

Un Coq sans force et sans talent,
Jouissait, on ne sait comment,
D'une certaine renommée.
Cela se voit, dit-on, dans la gent emplumée
Et chez d'autres encore. Insolent comme un sot,
Notre Coq traita mal un Poulet de mérite.
La jeunesse aisément s'irrite :
Le Poulet offensé le provoque aussitôt,
Et, le cou tout gonflé, sur lui se précipite :
Dans l'instant le Coq orgueilleux
Est battu, déplumé, reçoit mainte blessure ;
Et, si l'on n'eût fini ce combat dangéreux,
Sa mort terminait l'aventure.
Quand le Poulet fut loin, le Coq, en s'épluchant,
Disait : — Cet enfant-là m'a montré du courage ;
J'ai beaucoup ménagé son âge,
Mais de lui je suis fort content.
Un Coq vieux et cassé, témoin de cette histoire,
La répandit et s'en moqua.
Notre fanfaron l'attaqua,
Croyant facilement remporter la victoire.
Le brave vétéran, de lui trop mal connu,
En quatre coups de bec lui partage la crête,
Le dépouille en entier des pieds jusqu'à la tête,
Et le laisse là presque nu.
Alors notre Coq, sans se plaindre,
Dit : — C'est un bon vieillard ; j'en ai bien peu souffert,
Mais je le trouve encore vert :
Et dans son jeune temps il devait être à craindre.

FABLE XLII.

Les Deux Lions.

Sur les bords africains, aux lieux inhabités,
Où le char du soleil[1] roule en brûlant la terre,

[1] Le *char du soleil* ou le char de Phébus, nommé aussi Apollon.

Deux énormes Lions, de la soif tourmentés,
Arrivèrent au pied d'un rocher solitaire.
Un filet d'eau coulait, faible et dernier effort
  De quelque naïade [1] expirante.
  Les deux Lions courent d'abord
  Au bruit de cette eau murmurante :
Ils pouvaient boire ensemble, et la fraternité,
Le besoin, leur donnaient ce conseil salutaire ;
  Mais l'orgueil disait le contraire,
  Et l'orgueil fut seul écouté.
Chacun veut boire seul : d'un œil plein de colère
  L'un l'autre ils vont se mesurants [2],
Hérissent de leur cou l'ondoyante crinière ;
De leur terrible queue ils se frappent les flancs,
Et s'attaquent avec de tels rugissements,
Qu'à ce bruit, dans le fond de leur sombre tanière,
Les tigres d'alentour vont se cacher tremblants.
  Égaux en vigueur, en courage,
Le combat fut plus long qu'aucun de ces combats
Qui d'Achille [3] ou d'Hector [4] signalèrent la rage,
  Car les dieux ne s'en mêlaient pas.
Après une heure ou deux d'efforts et de morsures,
Nos héros fatigués, déchirés, haletants,
  S'arrêtèrent en même temps.
  Couverts de sang et de blessures,
  N'en pouvant plus, morts à demi,
Se traînant sur le sable, à la source ils vont boire ;
Mais pendant le combat la source avait tari.
Ils expirent auprès.

  Vous lisez votre histoire,
Malheureux insensés dont les divisions,
  L'orgueil, les fureurs, la folie,
Consument en douleurs le moment de la vie.

---

 [1] Les *naïades*, selon la mythologie, étaient des divinités qui vivaient dans les grottes, les bosquets, etc.
 [2] D'après la grammaire, il faudrait *se mesurant* invariable. Florian a écrit *se mesurants* à cause du mot *flancs*.
 [3] Achille, un des rois grecs qui assiégèrent Troie. Il fut tué par un coup de flèche au talon, seul endroit où Achille ne fût pas invulnérable.
 [4] Hector, fils de Priam, roi des Troyens ; il fut tué par Achille.

Hommes, vous êtes ces lions[1] ;
Vos jours, c'est l'eau qui s'est tarie.

FABLE XLIII.

L'Ane et la Flûte.

Les sots sont un peuple nombreux,
Trouvant toutes choses faciles :
Il faut le leur passer[2], souvent ils sont heureux[3] ;
Grand motif de se croire habiles.

Un Ane, en broutant ses chardons,
Regardait un pasteur jouant, sous le feuillage,
D'une flûte dont les doux sons
Attiraient et charmaient les bergers du bocage.
Cet Ane mécontent disait : — Ce monde est fou !
Les voilà tous bouche béante,
Admirant un grand sot qui sue et se tourmente
A souffler dans un petit trou ;
C'est par de tels efforts qu'on parvient à leur plaire,
Tandis que moi... Suffit[4]... Allons-nous-en d'ici,
Car je me sens trop en colère.
Notre Ane, en raisonnant ainsi,
Avance quelques pas, lorsque, sous la fougère,
Une flûte, oubliée en ces champêtres lieux
Par quelque pasteur[5] amoureux,
Se trouve sous ses pieds. Notre Ane se redresse,
Sur elle de côté fixe ses deux gros yeux ;
Une oreille en avant, lentement il se baisse,

---

[1] *Hommes, vous êtes ces lions*, c'est-à-dire vous êtes comme ces lions, vous passez le plus souvent votre vie dans des luttes furieuses, dans des querelles sanguinaires, au lieu de vous aimer et de vous entr'aider.

[2] *Le leur passer*, leur pardonner.

[3] *Souvent ils sont heureux*, c'est-à-dire souvent ils réussissent, et alors on les félicite ; car, comme l'a dit si bien Boileau :

« Un sot trouve toujours un plus sot qui l'admire. »

[4] *Suffit*, cela suffit, je n'ajoute rien, je me comprends.

[5] Berger.

Applique son naseau sur le pauvre instrument[1],
Et souffle tant qu'il peut. O hasard incroyable !
  Il en sort un son agréable.
  L'Ane se croit un grand talent,
Et, tout joyeux, s'écrie en faisant la culbute :
  — Eh ! je joue aussi de la flûte.

FABLE XLIV.

Le Léopard et l'Écureuil.

Un Écureuil, sautant, gambadant sur un chêne,
Manqua sa branche, et vint, par un triste hasard,
  Tomber sur un vieux Léopard
  Qui faisait sa méridienne [2].
Vous jugez s'il eut peur ! En sursaut s'éveillant,
  L'animal irrité se dresse ;
  Et l'Ecureuil, s'agenouillant,
Tremble et se fait petit aux yeux de Son Altesse.
  Après l'avoir considéré,
Le Léopard lui dit : — Je te donne la vie,
Mais à condition que de toi je saurai
Pourquoi cette gaieté, ce bonheur que j'envie,
Embellissent tes jours, ne te quittent jamais,
  Tandis que moi, roi des forêts,
  Je suis si triste et je m'ennuie.
  —Sire, lui répond l'Écureuil,
  Je dois à votre bon accueil
  La vérité, mais, pour la dire,
sur cet arbre un peu haut je voudrais être assis.
  — Soit, j'y consens : monte. — J'y suis,
  A présent je puis vous instruire.
  Mon grand secret, pour être heureux,
  C'est de vivre dans l'innocence :

---

[1] Le poëte plaint la flûte d'être livrée à un si mauvais musicien.
[2] *Méridienne*, léger somme qu'on fait dans les pays chauds après le repas du midi ; on dit aussi la *sieste*.

L'ignorance du mal fait toute ma science ;
Mon cœur est toujours pur, cela rend bien joyeux.
Vous ne connaissez pas la volupté suprême
De dormir sans remords ; vous mangez les chevreuils,
Tandis que je partage à tous les écureuils
Mes feuilles et mes fruits ; vous haïssez et j'aime ;
Tout est dans ces deux mots. Soyez bien convaincu
De cette vérité que je tiens de mon père :
Lorsque notre bonheur nous vient de la vertu,
La gaieté vient bientôt de notre caractère.

FABLE XLV.

La Chenille.

Un jour, causant entre eux, différents animaux
        Louaient beaucoup le ver à soie.
    — Quel talent, disaient-ils, cet insecte déploie
En composant ces fils si doux, si fins, si beaux,
        Qui de l'homme font la richesse !
Tous vantaient son travail, exaltaient son adresse.
Une Chenille seule y trouvait des défauts,
Aux animaux surpris en faisait la critique,
        Disait des *mais* et puis des *si* [1].
Un Renard s'écria : — Messieurs, cela s'explique,
        C'est que madame file aussi [2].

---

[1] Disait des *mais* et puis des *si*. Ces conjonctions sont des critiques et veulent dire qu'on n'approuve pas tout à fait.
[2] La même idée se retrouve dans le dicton populaire : *Vous êtes orfévre, monsieur Josse*.

FABLE XLVI.

Le Hérisson [1] et les Lapins.

Il est certains esprits d'un naturel hargneux [2]
    Qui toujours ont besoin de guerre ;
Ils aiment à piquer, se plaisent à déplaire,
Et montrent pour cela des talents merveilleux.
    Quant à moi, je les fuis sans cesse ;
Eussent-ils tous les dons et tous les attributs,
J'y [3] veux de l'indulgence ou de la politesse,
    C'est la parure des vertus.

    Un Hérisson, qu'une tracasserie
    Avait forcé de quitter sa patrie,
      Dans un grand terrier de Lapins
      Vint porter sa misanthropie [4].
    Il leur conta ses longs chagrins,
Contre ses ennemis exhala bien sa bile [5],
Et finit par prier les hôtes souterrains
    De vouloir lui donner asile.
    — Volontiers, lui dit le doyen [6] :
Nous sommes bonnes gens, nous vivons comme frères,
Et nous ne connaissons ni le tien ni le mien ;
Tout est commun ici : nos plus grandes affaires
    Sont d'aller, dès l'aube du jour,
Brouter le serpolet [7], jouer sur l'herbe tendre.
Chacun, pendant ce temps, sentinelle à son tour,
Veille sur le chasseur qui voudrait nous surprendre ;
S'il l'aperçoit, il frappe, et nous voilà blottis.

[1] Un hérisson est un petit animal qui est entièrement couvert de piquants.
[2] *Hargneux*, c'est-à-dire insociable, querelleur.
[3] *J'y veux.* Licence poétique qu'on ne pourrait se permettre en prose ; *y* est un adverbe de lieu et ne peut s'appliquer aux personnes.
[4] *Misanthropie*, haine des hommes.
[5] *Exhaler bien sa bile.* La bile est une *humeur* du corps. Au figuré, bile signifie colère. Bien exhaler sa bile signifie donc bien manifester ou exprimer sa colère.
[6] *Le doyen*, le plus âgé.
[7] *Serpolet*, petite plante dont les lapins sont très friands.

Avec nos femmes, nos petits,
Dans la gaieté, dans la concorde,
Nous passons les instants que le ciel nous accorde.
Souvent ils sont prompts à finir ;
Les panneaux [1], les furets, abrégent notre vie :
Raison de plus pour en jouir.
Du moins par l'amitié, l'amour et le plaisir,
Autant qu'elle a duré, nous l'avons embellie ;
Telle est notre philosophie.
Si cela vous convient, demeurez avec nous,
Et soyez de la colonie ;
Sinon faites l'honneur à notre compagnie
D'accepter à dîner, puis retournez chez vous.
A ce discours plein de sagesse
Le Hérisson repart [2] qu'il sera trop heureux
De passer ses jours avec eux.
Alors chaque Lapin s'empresse
D'imiter l'honnête doyen,
Et de lui faire politesse.
Jusques au soir tout alla bien.
Mais, lorsque après souper la troupe réunie
Se mit à deviser [3] des affaires du temps,
Le Hérisson de ses piquants
Blesse un jeune Lapin. — Doucement, je vous prie,
Lui dit le père de l'enfant.
Le Hérisson, se retournant,
En pique deux, puis trois, et puis un quatrième.
On murmure, on se fâche, on l'entoure en grondant.
— Messieurs, s'écria-t-il, mon regret est extrême,
Il faut me le passer, je suis ainsi bâti,
Et je ne puis me refondre.
— Ma foi, dit le doyen, en ce cas, mon ami,
Tu peux aller te faire tondre.

[1] Les *panneaux* sont une espèce de filets pour prendre le gibier. Le furet, comme nous l'avons dit page 52, est une espèce de fouine dressée à la chasse du lapin.
[2] *Repart*, réplique. Le verbe repartir est peu usité au présent.
[3] *Deviser*, parler, causer de diverses choses.

Imprimerie E. CORNILLAC, à Châtillon-sur-Seine (Côte-d'Or).